U0922868

基于产业融合视角的交通旅游产品发展研究

Traffic Tourism Products Development Research Based on Industry Integration Theory

赵丽丽　张金山◎著

中国旅游出版社

前　言

交通是旅游业发展的先决条件，是旅游业的六大基本要素之一，也是影响旅游消费者行为决策的基本因素，在旅游消费中的比例一直居于各类消费之首。长期以来，交通一般作为外部变量对区域旅游的发展水平及规模产生影响，并作为旅游发展的基础设施被研究与规划设计。近年来，随着我国交通运输产业的迅猛发展，综合交通运输体系逐渐完善，旅游与交通运输业逐渐呈现融合发展的趋势，交通已经成为一项重要的旅游资源，其旅游功能不断彰显。交通旅游新业态、新产品不断涌现，为游客带来创新的旅游体验。“旅游 + 交通”融合发展开始引起政府部门以及研究者的关注，但我国关于交通旅游产品的研究一直处于实践先行的阶段，缺少系统、科学的理论研究指导。本书正是在我国向交通强国迈进、优质旅游转型升级、“旅游 +”全面发展的背景下，以产业融合为视角，探寻旅游与交通融合发展的机制与路径，开展交通旅游产品发展的理论与实践问题研究。

本书从旅游产业及交通运输业的特征着手，基于旅游消费者行为理论、旅游体验经济理论与经济时空分析理论，结合我国交通运输发展现况及旅游市场需求变化，提出旅游与交通融合发展的机制：新旅游资源扩展是二者融合的基础；新旅游市场变革是二者融合的催化剂；新交通旅游产品是二者融合的产物；新区域发展纽带是二者融合的价值体现。在融合发展机制下，形成四个维度的融合发展路径，即资源融合、市场融合、技术融合与政策支持。这一路径为交通旅游产业的重构、有效延伸产业链条提供了理论基础，为掌握产业发展规律、持续创新和发展交通旅游产品提供了解决路径。

尽管旅游与交通产业融合的机制与路径一致，但由于不同交通方式所涉及的相关产业价值链不相同，其产业重构后的表现形式也必将有所不同。本书针对各种类型交通旅游产品进行了产业重构，划分为三种模式：产业重构、功能复合型的“产业圈层”模式，产业扩展、功能强化型的“产业链”模式，交通带动旅游发展的“点－轴”模式。具体而言，“产业圈层”模式包括：房车旅游是以房车及露营地生产销售产业为核心的产业圈层结构，以邮轮及港口为依托的旅游服务是邮轮旅游产业圈的核心与根本功能所在，铁路旅游形成以列车与旅游地为双核心的产业圈结构。“产业链”模式包括：以旅游服务产业为核心的自驾车旅游产业链结构，以及旅游业与通用航空业相结合的低空旅游产业链结构。“点－轴”模式的典型代表为高铁旅游所形成的“旅游产业增长极－产业集聚发展轴－产业集群”结构。

本书以直面发展问题为出发点，在对不同类型交通方式下的旅游与交通产业进行重构的基础上，结合不同交通旅游产品发展中的瓶颈问题，应用典型案例分析法、深入访谈法、问卷调查法、层次分析法等各种研究方法，开展交通旅游产品体系的创新与发展研究，并针对产品发展现状与面临的问题，提出对策建议。

本书力求在以下方面有所创新：立足产业融合理论系统研究交通旅游产品发展机制，尤其是对于铁路旅游、低空旅游的产业内在机制研究，在一定程度上弥补了当前研究的空白；通过对不同类型“交通＋旅游”产业进行价值链的分解与重构，构建不同运作机制下的交通旅游产业结构模型，为交通旅游产品发展提供具有延展性的创新思考路径。

目 录

第一章 绪 论

第一节 问题的提出

一、研究背景

推进产业融合是新时期我国旅游业发展的重点内容之一，“旅游+”成为产业体系升级扩容的新动力。交通要素是旅游业的基本要素之一，也是旅游消费行为的重要先决条件，长期以来作为区域旅游发展的基础条件，对旅游发展水平及规模产生影响。近年来，随着我国交通运输设施的完善、交通运输网络的形成，交通运输已经成为旅游发展的资源型要素，在锻造新型旅游产品、促进旅游业优质发展方面发挥了重要作用。

第一，交通运输推动旅游产业发展。以高速公路、高速铁路、航空运输为代表的大众交通取得突飞猛进的发展，骨干交通设施的改善，极大地影响了旅游者的时空游览格局。截至2022年年底，我国高速公路总里程17.73万千米，高速铁路营业里程达到4.2万千米，高铁里程占世界高铁总里程的2/3以上，居世界第一位。交通运输网络的形成，为旅游者提供了更加便捷的出行方式，加速了旅游者在旅游目的地的集聚。

第二，新时期我国旅游业高质量发展、完善旅游产品供给体系，对旅游和交通融合提出新要求。2021年，国务院印发《“十四五”旅游业发展规划》，其中专门指出要推动旅游与交通融合发展，“加快建设国家旅游风景道、旅游主题高速公路服务区、旅游驿站，推动地方政府和中国国家铁路集团有限公司建立平台，合力打造主题旅游列车，推进旅游和交通融合发展”[①]。

第三，交通方式锻造创新型旅游产品。后疫情时代文旅产业持续向好发

① 资料来源：《国务院关于印发“十四五”旅游业发展规划的通知》（国发〔2021〕32号），2021年12月22日。

展，文旅市场出现新需求，旅游者追求更优质、新型的旅游产品，交通运输的旅游功能愈加彰显，交通成为旅游者获得自身经历的一个重要组成部分。各种新兴的交通方式，正在成为创新的、中高端的旅游产品形式，受到游客的追捧，与交通方式密切联系的自驾车旅游，正在成为旅游市场的主流；房车旅游、低空飞行、邮轮旅游等为代表的高级化交通型旅游产品或服务，开始受到市场关注并发展迅猛。

第四，交通旅游产品投融资持续发展。伴随着旅游市场需求的旺盛发展，围绕交通旅游产品开发的各种类型企业也开始涌入旅游发展的大潮当中。一方面，各地纷纷成立交旅集团，或通过公路投资集团的战略转型成立交通旅游投资集团，如宜昌交通旅游产业发展集团、黔东南州交通旅游建设投资集团、四川广元交通旅游投资集团、重庆交旅集团、遵义交旅投资（集团）等；另一方面，越来越多的开发制造企业进军旅游业，谋求产业转型，如奇瑞途居以轻资产模式推进营地网络化，已运营安徽芜湖龙山房车露营地、黄山房车露营地、扬州房车露营地，并建设圌山、开沙岛、昭山房车露营地。各地积极引入社会资本共同参与交通旅游投资建设，助力旅游提档升级。

第五，政策红利支持交通旅游融合发展。近年来，国家将交通运输与旅游融合发展作为促进旅游业改革发展的重要举措之一，给予大力支持。2017年7月，交通运输部、国家旅游局等六部门联合发布了《关于促进交通运输与旅游融合发展的若干意见》，提出加快形成交通与旅游融合发展的新格局，提出“完善旅游交通网络设施，创新旅游交通产品，提升旅游交通服务品质”的具体要求[①]。2018年9月，国务院办公厅在《完善促进消费体制机制实施方案（2018—2020年）》（以下简称《方案》）中，将旅游领域作为进一步放宽服务消费领域市场准入的首个内容，其中交通与旅游的融合发展占到近1/3的篇幅，足以见得交通与旅游相融合在旅游消费中的地位与作用。《方案》明确提

① 资料来源：交通运输部、国家旅游局、国家铁路局、中国民用航空局、中国铁路总公司、国家开发银行《关于促进交通运输与旅游融合发展的若干意见》（交规划发〔2017〕24号），2017年3月1日。

出“制定出台自驾车、旅居车营地建设相关规范”“制定出台邮轮旅游发展规划、游艇旅游发展指导意见”“推进生态航道建设，研究开发京杭运河具备条件航段的航运旅游功能”① 等旅游产品开发内容。2023 年，交通运输部办公厅、文化和旅游部办公厅共同发布《关于加快推进城乡道路客运与旅游融合发展有关工作的通知》，内容包括提升“快进”“慢游”交通网络，丰富旅游出行服务供给，推进运游融合等。其中提出，“积极引导道路客运经营者与旅行社、旅游景区、旅游度假区、旅游休闲街区、酒店等加强合作，深化推广‘车票＋门票’‘车票＋门票＋酒店’等一站式运游融合服务产品，针对自由行、家庭游、团队游等提供定制化的运游融合服务”。

在上述发展背景下，政府及研究机构、开发企业，愈加关注旅游交通的发展。自 2017 年以来我国已经举办六届中国旅游交通大会，2023 第五届中国旅游出行大会、2023 世界交通大会“第三届交通与旅游融合发展论坛”等活动中，来自交通及旅游部门、科研院所、规划机构、开发企业、投资企业的各界人士，共商旅游交通发展之策。旅游与交通融合发展如火如荼的研究与发展现状，对交通旅游产品的创新和交通旅游服务的提升，起到了有效促进作用。

二、研究意义

旅游业具有极强的产业渗透性和关联性，更易于与其他产业融合发展，基于旅游产业融合特性的产品开发，是从旅游的视角解决我国社会“人民日益增长的美好生活需要和不平衡不充分的发展之间的矛盾”的重要举措。当前，我国关于交通旅游产品的研究多以实例研究为主，理论与实践处于“割裂”状态，未能起到科学指导的作用。本书以解决问题为导向，希望通过系统的交通旅游产品研究，从实用价值上架构起理论研究与实践应用的桥梁，为中国交通

① 资料来源:《国务院办公厅关于印发完善促进消费体制机制实施方案（2018—2020年）的通知》（国办发〔2018〕93 号），2018 年 9 月 24 日。

旅游产品开发与产业发展提供具有应用价值与扩展价值的科学依据。

（一）理论意义

本书运用产业融合理论，厘清各种交通产业与旅游产业的融合机制，系统研究了交通旅游产品发展机制，在一定程度上弥补了当前研究的空白；通过产业价值链的分析与重构，搭建了不同类型的交通旅游产业模型，为旅游与交通融合下的产品体系构建提供了根源上的创新与发展路径。

旅游与交通的相互关系决定了两者之间存在融合发展的趋势，这种趋势实际上是一种产业融合的发展趋势，而有关旅游与交通融合发展的研究很少从产业融合的根源上开始进行分析。在"旅游+"作为新的经济形态与旅游发展引擎的大背景下，我国当前关于旅游产业融合的研究涉及诸多方面，如"旅游+文化""旅游+农业""旅游+工业""旅游+健康""旅游+体育""旅游+信息化"等，产业融合下的旅游新产业、新业态层出不穷，较为典型的如文化旅游产品、乡村休闲产品、工业观光产品、养生旅游产品、体育旅游产品、研学旅游产品、科技旅游产品等。这些产品体系下又可分解出与旅游资源及旅游市场关联的诸多产品子项。但从产业融合的视角看待旅游与交通之间的融合发展规律尚未引起研究人员的足够重视。

产业融合理论是从根源上打开旅游与交通科学融合发展的金钥匙。本研究将从旅游产业及交通运输业的特性着手，基于我国交通旅游发展的现实情况及未来趋势，基于旅游市场的新发展、新需求，探索旅游与交通产业融合发展的机理机制，对旅游与交通产业融合的路径加以推演，重构交通旅游产业链条，从而在产业发展的根源上为交通旅游产品的创新提供路径指导。

（二）实践意义

本书提出了一系列旅游与交通融合发展的产品类型，明确了相关产品类型的发展方向，提出了当前阻碍我国交通旅游产品发展的体制机制障碍以及对策建议，对于指导相关交通旅游产品的落地实践、推动交通旅游产品提质升级具有重要的现实意义。

我国正处于“调结构、稳增长”经济新常态的新阶段，在经济结构调整过程中，旅游业也到了由高速旅游增长转向优质旅游发展的关键节点。当前，我国的交通旅游化发展仍处于起步阶段，伴随着交通运输产业的快速发展，交通旅游产品发展如何迅速响应、对接并引导市场需求，如何在国际交通旅游产品发展日趋成熟的情况下快速崛起，推动交通旅游产业的跨越式发展，是需要体制机制、设施保障、投融资等多个方面的系统解决方案的问题。通过系统的研究和经典案例分析，可以在两个方面为交通旅游升级提供实践指导：其一，促进服务、配套升级，发挥“行”在旅游业中的重要作用，提高“行”的可达性、连通性、舒适性；其二，高渗透融合发展是一条必由之路，从产业融合的视角提升旅游产品优化升级，开发交通旅游新产品、新业态，提升交通运输产业附加值，使二者相互融合，互相促进。

第二节 研究内容与研究框架

一、研究内容

本书的研究内容包括如下五个方面：

第一，研究背景与意义。在我国交通运输体系不断完善，交通旅游功能不断彰显，特色交通旅游产品形式不断涌现的背景下，针对我国旅游与交通融合的理论研究与实践发展中存在的问题，提出交通旅游产品研究主题。

第二，理论基础与文献述评。对旅游产业融合的相关概念进行界定，全面了解并评述国内外关于旅游与交通融合发展、交通旅游产品开发的研究理论、研究方法、前沿动态，为本书明晰研究方向、深化研究内容，奠定扎实的学术基础。

第三，融合机制与路径。从旅游产业及交通运输业的特征着手，基于我国交通运输发展现况与发展趋势，以及旅游市场需求变化情况，探索旅游与交通产业融合发展的机制与技术路径，结合不同类型交通工具的产业价值链与产业融合机制，构建三种旅游与交通融合发展模式，搭建交通旅游产品体系。

第四，交旅融合产业构架与产品体系。通过对不同模式下的交通旅游产品进行产业重构、提出产品创新手段，以解决问题为导向，针对不同交通旅游产品的发展现状与问题，提出对策与建议。

第五，研究结论和未来展望。在系统研究与实践应用的基础上，总结研究结论，分析研究尚存在的不足之处，并对未来进一步研究方向进行探讨。

二、总体研究框架

本书的研究框架如图 1-1 所示，共分为七章。第一章绪论，阐述本论文的研究背景、研究意义、研究内容与研究方法；第二章相关理论与文献综述，对本研究所涉及的旅游消费者行为、旅游体验经济、经济时空分析等相关理论，以及旅游产业融合、旅游与交通融合等文献综述进行研究、总结和评述；第三章至第六章对旅游与交通产业融合下的旅游产品体系，以及各种交通旅游产品的产业重构、产品创新进行详细研究，并提出发展对策与建议；第七章对全文进行总结，并提出未来的研究展望。

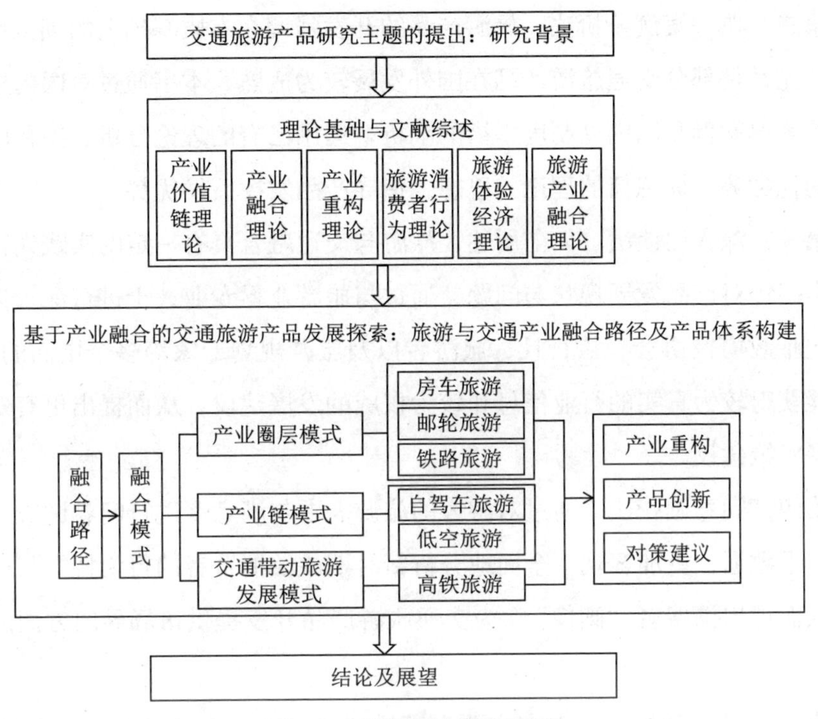

图 1–1 总体研究框架模型

第三节 研究方法

本书采用质性研究与定量研究相结合的方法，结合各种交通旅游产品的特征与问题，采用具有针对性的研究方法，以起到预期的理论与实践研究意义。主要采用如下研究方法：

第一，理论归纳与演绎方法。通过大量源于理论研究与实践发展层面的文献研究，对交通旅游产品的发展进行全面综述和评价，力求全面分析文献，并构建了旅游与交通产业融合的概念模型，在此基础上提出针对不同交通旅游产品的融合模式、发展方向与政策建议。

第二，典型案例分析法。旅游产品的开发强调在本质基础上的创意性与灵活性，尤其是部分交通旅游产品在国外发展较为成熟，本书通过对国内外实际发生的经典案例和国内外制度举措的剖析，运用已有的理论分析、阐释已开发产品的优劣势，提炼新的理论与思想，指导产品发挥后发优势。

第三，深入访谈法。如前所述，旅游与交通融合具有一定的实践先行的特点，本书针对产品发展现状与问题，通过与旅游业界专业人士进行深入沟通交流，包括政府及协会、旅行社、旅游者以及旅游规划专家等多个层面的访谈，尽可能获得较为真实的行业信息和较为权威的发展建议，从而提出更有效的产品发展对策建议。

第四，问卷调查法。通过对游客的旅游需求与满意度进行问卷调查，获得市场一手数据，更加客观、全面地分析新时期旅游消费者的行为特征与市场需求，从而得出消费者“画像”，为交通旅游产品开发提供市场导向方面的对策建议。

第五，层次分析法。本书主要在高铁旅游竞争力分析当中采用层次分析法，依照逻辑分析框架进行发展指数分层与原始指标确定，通过计算与合成得到发展指数和科学的竞争力排名。

第二章

相关理论与文献综述

第一节　相关概念界定

一、“旅游+”与“+旅游”

“旅游+”即以旅游产业为核心产业，发挥旅游产业的融合特性，通过旅游业与其他产业的融合发展形成旅游新业态、新产品，如“旅游+农业”“旅游+工业”“旅游+文化”“旅游+健康”“旅游+体育”“旅游+交通”“旅游+互联网”“旅游+会展”等，带动多类型的旅游新业态蓬勃发展（如图2–1所示），为旅游发展注入新的活力。

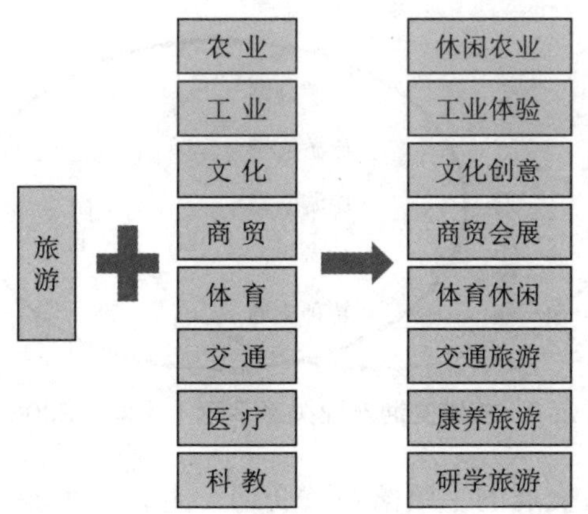

图 2–1　“旅游+”产业融合的新业态产品示意

“+旅游”是以其他产业为核心产业，与旅游业联动发展，通过叠加旅游要素，引入旅游资源，采用旅游化的打造方法与经营模式，实现产业链条的延伸和产业附加值的提高，最终达到产业融合发展的目标。

基于此，本书中的旅游与交通融合发展，既包含以旅游部门（或机构）为主、交通运输为辅的“旅游+交通”的产业融合方式，又涉及交通部门为主、旅游部门合作的"交通 + 旅游"的产业融合方式，如"服务区 + 旅游"。通过对旅游产业与不同交通运输设施的产业价值链的分解与重构，实现产业互相促进、融合发展。

二、旅游交通与交通旅游产品

理论界普遍认为旅游交通包括旅游者从客源地至目的地往返过程中的交通基础设施、设备与交通运输服务。卞显红等（2003）从系统的角度将旅游交通系统分为交通方式（公路、航空、海洋与铁路）、交通路线、交通始终点站与交通技术四个部分。根据交通方式的不同，崔莉（2006）将旅游交通产业内部划分为旅游公路、旅游航空、旅游铁路、旅游水运和特种交通五种类型（如图 2–2 所示）。从旅游地空间角度，旅游交通可划分为区域旅游交通与区内旅游交通。

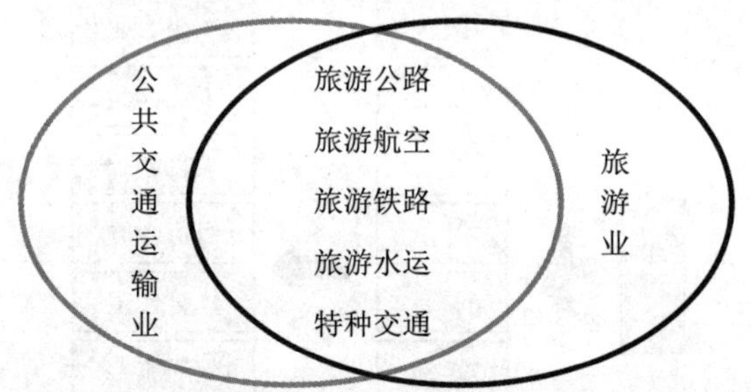

图 2–2　旅游交通产业关系示意（崔莉，2006）

总的来看，旅游交通的主语落在"交通"上，是为旅游提供交通运输服务的系列社会经济活动，除设施层面的交通方式、交通站点、交通技术外，交通经营模式，如出租汽车、汽车租赁模式，以及交通运输公共服务、旅游交通大数据等，都应属于旅游交通的范畴，具有交叉性、服务性、经济性的特点。

与旅游交通有所不同，交通旅游的主语则落在"旅游"上，是旅游产品的一种类型。交通旅游是以交通资源为核心旅游资源，迎合新时代旅游市场需求发展形成的旅游新业态、新产品。依据交通方式的划分，可将交通旅游产品划分为公路旅游产品、铁路旅游产品、邮轮旅游产品、低空旅游产品等，这也是本书的研究重点所在。

第二节　相关理论概述

一、产业价值链理论

Porter（1985）在《竞争优势》一书中首次提出价值链理论，于1997年又提出“价值系统”的概念，至此，产业价值链的研究雏形开始出现[①]。产业价值链即使用价值链的分析方法来分析整个产业，它由产业链中企业的所有价值活动所构成，既包含满足企业价值链的上游供应商，如原材料、设备的生产、采购等服务，又包括下游完成价值活动的经销商及最终客户。经过产业整合，这些价值活动由原来相互独立的、松散的联系，转化为在价值组织形式下的创新联结，并创造出新的价值。产业价值链实现了对供应链内容的延伸，在所有经济活动中只要能创造出价值的环节，都应纳入价值链当中，所有能够创造出新的附加值的环节，都可以强化产业的竞争优势。

旅游产业具有不同于其他产业的特点，其联动性强，涉及经济活动复杂，以为旅游者提供无形产品（旅游服务）为特点。从旅游产品的生产、供应到消费，包括了产业链上游的旅游规划设计、产品开发等供应环节，产业链中游的代理、营销、运营管理等环节，以及产业链下游的游客的旅游消费环节。完成产业链上各项经济活动的企业和个人——旅游产品供应商、旅游中间商及旅游消费者，通过旅游产业价值链实现有机串联，不同层次的旅游企业通过其职能分化和专业优势为旅游产品注入价值，最终实现旅游产品的价值增值。

---

① 董志良，等.产业价值链重构研究新视角——“互联网+”带来的产业价值链破坏性重构［J］.河北地质大学学报，2018（4）：89-93.

二、产业融合理论

产业融合理论是伴随着新技术的不断发展、产业结构优化和第三产业化的深化而出现的一种新兴经济现象，是在经济全球化、市场需求的多样化、产业间分工内部化、跨产业并购和多元化经营等促进要素作用下，形成的一种发展模式和产业组织形式。厉无畏（2002）提出产业融合的特征在于产生新的产业或新的增长点，高新科技产业对产业融合起到助推器的作用，并最终形成“1+1>2”的生产效率和较高的经济效率。

产业融合是一个系统性概念，其融合机制可以归纳为：由于技术变革与放宽管制等因素，各产业的企业集群间的竞争与协作状态发生了变化，使得原来分属不同产业的企业通过竞争与协作，产业边界逐渐模糊，产生新的产品，从而演化出新兴产业（杨彦锋，2012）。产业融合机制如图 2-3 所示。

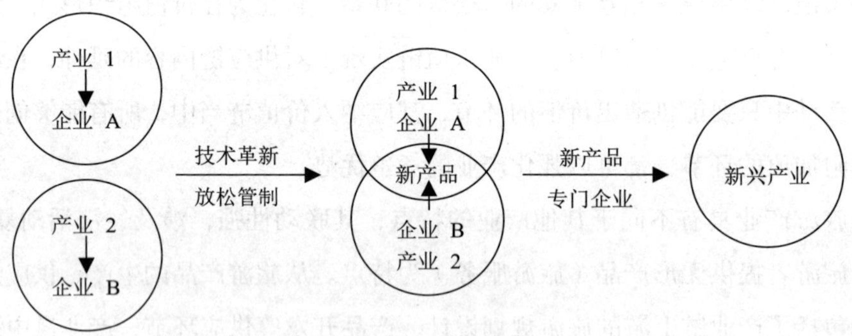

图 2-3　产业融合机制阐释

从产业间相互关系来看，产业融合的形式可分为产业渗透、产业交叉和产业重组三类。产业渗透是指高新科技产业作为渗透性要素，经过与传统产业的融合，从而推动传统领域经济形式发生新的变革；产业交叉是指通过产业之间相互作用、互为补充，形成产业功能的互补和产业链的延伸，从而产生具有综合竞争优势的新的产业模式和新产品；产业重组一般发生于具有密切联系的产业间或某一大类产业内部的子产业间，是为实现经营协同而进行的产业内部的资产重组与产业结构调整，由此可提高产业的集中度和专业化程度。

三、产业链重构理论

产业价值链在形成后，并非一成不变。伴随着现代科技水平与信息化的快速发展，资源利用方式、生产技术手段、商业开发模式等，都在以超越以往任何时期的速度发生着变化，由此带来了产业价值链的新变化。产业间的融合发展，进一步推动了企业所面临的市场环境与产业环节的根本性转变，在此背景下，产业价值链也随之发生深刻变化，并通过对不同产业价值链的分解、组合，实现产业价值链的重构。

产业链重构是一个复杂的动态过程，是对要素变化、融合后的产业进行价值链分析，将价值链中的各个环节进行分解、重新排列、组合的过程。由此形成具有竞争力的最佳模式，实现产业链价值最大化。产业融合视野下的产业链重构，包含产业间的纵向延伸与横向拓展。纵向延伸即通过向上下游产业的扩展，延长产业链条，纵向延伸有利于降低成本，增强企业的垄断能力，但同时增加了企业的管理成本；横向拓展即产业链上的核心节点与其他产业链上节点间的融合，实现了产业内容的扩展与规模的扩大。更多时候纵向延伸与横向扩展是同时存在的，由此形成了纵横交错的产业链网，产业链发展成产业集群，从而发挥更大规模的集群效应。

四、旅游消费者行为理论

消费者行为是指消费者在购买决策过程中，获取和组织信息以及使用和评估产品和服务的过程。该过程包括搜索、购买、使用、评估、处置产品和服务几个阶段。由于旅游产品的特点，旅游消费行为的购买决策具有自身独特性，即旅游消费是一项没有实际回报率的投资。也就是说，旅游者对于旅游行为或旅游产品的投资，不会因为购买了无形的旅游产品而获得物质和经济回报。

旅游消费行为的影响因素，包括个人内部和外部的各种因素。个人内部因素包括：人们如何看待目的地、交通工具、旅行距离和旅游广告等事物；如何学习消费和旅行；如何做出旅行决定；个人性格方面如何影响这些决定等。还应分析哪些动机会影响个人的旅行决策，如何形成态度等。交通成本的上升、家庭出游的趋势以及交流形式的改变、更多人接受高等教育的机会等，也都是涉及旅游消费的个人、多样化的因素。外部因素包括其他人和周边群体如何影响旅行行为，旅游营销及广告对消费者的影响，经济和社会变化的影响等。龙江智（2014）将旅游消费行为分为旅游动机、旅游意愿、出游决策、信息搜索、目的地选择、购买决策、出行安排、旅游消费过程、消费效果评价和未来决策十个环节。这种划分方法较为全面、系统，较好地涵盖了旅游者消费行为心理与消费行为过程。其中，旅游者对旅游地的认知态度是产生出游意愿的前提，营销策略和环境因素对旅游认知具有深刻的影响，信息渠道是旅游出行前的重要环节。旅游者的产品偏好特征决定了目的地选择，旅游方式特征则直接影响旅游者的出行安排，出游过程中及出游后的消费行为与效果评价，又对旅游产品的提升起到反馈作用，并将影响未来出游决策及旅游动机的形成，从而形成一种旅游消费行为的循环状态。

旅游开发以资源为依托，以市场为导向，以满足游客不断变化的旅游消费需求为核心诉求。通过对旅游市场行为特征、时空规律的归纳总结，一方面可以揭示旅游者的行为规律，据此设计适应旅游者需求的旅游产品与营销策略，另一方面对旅游资源的评价与开发可行性的分析，对于诸如交通旅游资源这样的新型资源的开发及交通服务设施的选择，尤其具有提高可操作性的重要意义。

五、旅游体验经济理论

体验经济被称为继农业经济、工业经济和服务经济阶段之后的第四个人类的经济生活发展阶段，又被称为服务经济的延伸。在体验经济时代，消费者向往的不仅是感官刺激，还希望所消费的产品能够对他们产生新生活的体验①。谢彦君（2005）认为体验是旅游的本质，旅游体验是“在旅游世界发生的，是旅游者在顺序地经验了不同的旅游情境之后所获得的主观情感”。随着我国进入到服务业快速发展的阶段，作为典型的幸福产业的旅游业，其体验式旅游产品的出现可以说是体验经济时代的必然产物。

体验经济的典型特征是消费产品具有过程性，当消费过程结束时，产品也即消费结束，并转化为消费者记忆中的消费体验。旅游体验经济既拥有体验经济消费的典型特征，又具有更深入、细化的行业特征。首先，旅游体验经济具有互动性，无论是何种资源类型的旅游产品，如实景演出、农耕体验、手工艺品制作等，旅游者参与其中，都能增强互动感受；其次，旅游体验经济具有不可替代性，旅游本身是旅游者离开居住地到其他地区，获得不同经历的过程，不可替代性为增强旅游体验经历、强化个性感受，增添了丰富的内容；最后，旅游体验经济具有映象性，这是服务业尤其是旅游业极强的特征，任何一次旅游体验都会为游客打上深刻的烙印，从而使旅游者对旅游产品的回忆超越体验本身，增加旅游地的吸引力与重游率。

旅游体验经济是旅游产品开发中需要考虑的重点要素，尤其对交通旅游产品而言，增强互动体验性、实现差异化开发经营、提高重游率，具有更加现实的研究意义。

① B.Joseph Pine II & James H. Gilmore. Welcome to the Experience Economy［J］. Harvard Business Express. 1998（4）：4–11.

第三节 关于旅游产业融合的研究综述

一、国外相关研究综述

国外学者对旅游产业融合的概念并未进行明确的界定，更偏向于微观或中观层面的研究，主要集中于对旅游产品的研究，对融合后的效应研究，以及旅游产业融合对组织管理模式的影响研究等方面，而且较多结合案例进行深入研究。

国外对旅游产业与农业产业的融合，较多从游客、原住民、社区与可持续发展的视角开展农业旅游、乡村旅游的研究[①]，Kuban 农业信息咨询中心（2017）提出乡村旅游的主要目标是：在超越传统旅游供给理念，充分考虑该地区的自然、历史和文化特征的前提下，创造一种新的农业旅游产品，由此可以丰富传统的旅游服务范围，增加对游客特别是要求较高的国外游客的吸引力。Voinova 等（2019）通过对农业旅游的国际案例和模式研究，提出了俄罗斯乡村旅游发展中存在的问题和未来前景，并以伏尔加格勒地区乡村旅游发展为例，证明了该地区乡村旅游发展的必要性，并描述了为此所需的资源类型，指出在创建旅游集群时，将以传统民间工艺闻名的地点与乡村旅游相结合，有利于建设大型旅游投资项目。

国外研究者对旅游业与文化产业融合的研究较多，一方面表现出注重对新技术新方法应用的特点，另一方面关注于融合后对地区及文化影响的研究。Gezici, Kerimoglu（2010）对伊斯坦布尔的文化、旅游和再生过程进行了论述。Maria Lexhagen 等（2014）通过网络调查分析了社交媒体对流行文化粉丝的重要性，并提出参与维度比社会认同维度更重要，流行文化爱好者在很大程度上

① 刘芳，岳艺吾 . 旅游产业融合研究综述［J］. 现代商业，2016（28）：52-53.

使用社交媒体，这些手段对于决定旅行和参与活动非常重要，而社交身份和参与在很大程度上可以解释流行文化粉丝未来的旅行意图。Durmaz 等（2010）对伊斯坦布尔和伦敦电影业与文化旅游业进行研究，提出在创意产业中，电影业通过培养内生创造力，吸引外来人才，为旅游城市的创意场所的形成做出贡献，在城市经济和空间发展中发挥着重要作用。Bickle（2010）、Agba（2010）等学者对旅游业发展对地区文化的影响进行了研究。

Liestol（2013）、Klett（2012）等对于信息产业与旅游业的融合进行了技术层面的研究，并以文化遗产环境中的数字技术应用为例提出旅游产品创新发展的方法。Wernz（2014）以医疗旅游为例，提出服务整合和服务融合的概念，分析了行业内医疗和酒店服务的服务融合趋势，指导医疗旅游及相关行业公司创新。

二、国内相关研究综述

与国外研究相比，国内对旅游产业融合的研究维度更全面，既有宏观层面关于旅游产业融合的概念、模式、融合机制与融合路径的研究，也有微观层面对于旅游业与其他产业融合的方式方法与新业态、新产品的研究，同时也较为关注对实际案例的分析，倾向于采用定性的研究方法，以及通过定量研究方法进行融合效度的检验。

我国学术界对于旅游产业融合的研究分为两种视角，一种为沿用产业融合的概念来界定旅游业与其他产业融合的概念，加深了对融合原因、融合类型的认识和理解，从而在融合模式和结果上突出旅游产业融合的特性。张凌云（2011）将旅游产业融合划分为产业渗透、产业交叉、产业重组三种类型，并指出基于旅游产业自身特点，不适于从供给角度来定义产业，而应从旅游者需求的角度来进行定义。高凌江，夏杰长（2012）指出需求拉动、企业内在驱动、技术创新的驱动和外部环境是推动旅游产业融合的主要动因，并在产业融合原理的基础上，结合旅游产业本身的特点，构建旅游产业融合的动力机制模型（如图 2-4）。朱海艳（2014）将旅游产业融合模式归纳为三种类型：主动融合模式——以旅游业与农业融合为典型代表；相互融合模式——以旅游业与文化产业融合为代表；被动融合模式——以旅游业与信息产业融合为代表。

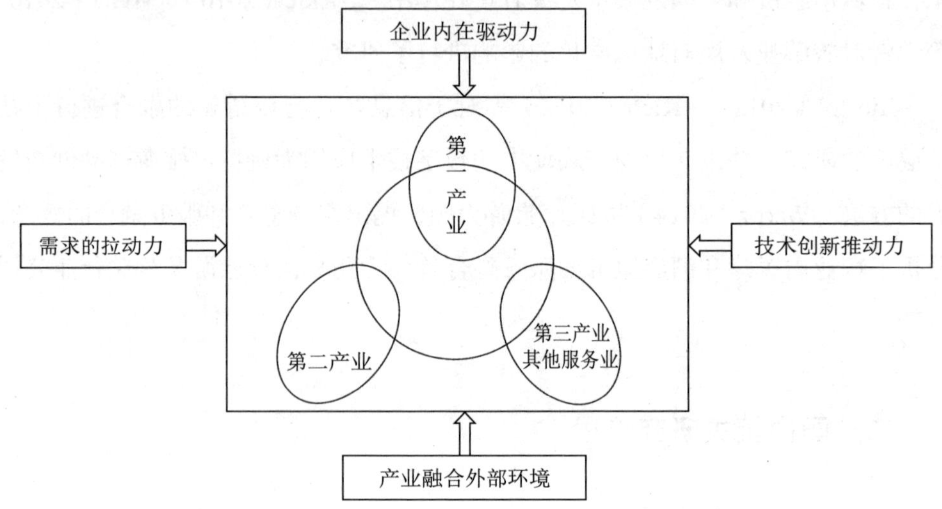

图 2-4　旅游产业融合动力机制模型（高凌江、夏杰长，2012）

学者关于旅游产业融合的另一种研究视角，是从旅游业与其他产业的融合发展实践与现象，来倒推融合发展动力，总结融合发展模式，得出旅游产业融合发展的规律。这种视角与我国旅游产业融合发展的实践结合更加紧密。杨彦锋（2012）认为旅游产业融合的表现是大量旅游新产品、新业态的出现，信息技术和互联网技术是旅游产业融合的主要驱动因素。魏小安（2009）提出，从旅游产业融合实践来看，目前国内的旅游产业跨界融合主要可以分为两种类型。一种是在第三产业内部，旅游业与其他产业的相互融合，表现为产业渗透与产业交叉，出现兼具多个行业特征的旅游新业态，如旅游与互联网产业的融合，产生了诸如携程、同程等众多在线旅游平台企业。这些企业在在线旅行社业务的基础上，融合了票务、酒店、信息服务等多种功能，从而将各方面的业务特征融为一体，形成了新的在线旅游产业，为旅游者提供了新的价值。此外，旅游业与体育产业融合而成的“体育旅游”，旅游业与会展业融合而成“会展旅游”，还有文化创意旅游、影视旅游，以及旅游地产等，都属于第三产业内部的融合形式。另一种是旅游业与第三产业外部的第一产业、第二产业的融合，表现为产业边界的延展与模糊化出现的新型产业，如旅游业与农业、工业、加工制造业的融合。这种融合使原本各自独立的旅游服务产品和农产品、工业产品融合后形成农业旅游、工业旅游产品。除此之外，旅游产业融合还应包括旅游业与相关配套产业要素之间的融合，如与“食住行购娱”的相互渗透，从而形成旅游交通、旅游住宿、旅游餐饮、旅游购物等形式。这些产业形式既具有配套要素的自身特征，又体现出旅游要素特征。如表 2-1 所示。

表 2-1　旅游产业融合类型

<table>
<tr><th colspan="2">类型</th><th>表现形式</th></tr>
<tr><td rowspan="2">第三产业外部融合</td><td>旅游业与第一产业融合</td><td>农业旅游产品</td></tr>
<tr><td>旅游业与第二产业融合</td><td>工业旅游产品</td></tr>
<tr><td colspan="2">第三产业内部融合</td><td>文化创意旅游产品、体育旅游产品、会展旅游产品、影视旅游产品、旅游地产产品等</td></tr>
<tr><td colspan="2">旅游业与相关配套产业要素融合</td><td>旅游交通产品、旅游住宿产品、旅游餐饮产品、购物旅游产品等</td></tr>
</table>

（改编自：魏小安，2009）

此外，我国关于旅游产业融合的研究还涉及旅游业与工业、会展业、房地产业、教育、医疗、体育等产业的融合（唐健雄等，2017；李勇军等，2016；黄灵，2017；陈素平，梅雨晴，2017；覃方铭等，2016；许万林，鱼飞，2017）。

三、研究述评

通过对旅游产业融合相关文献进行回顾，综合来看，旅游产业融合既遵循一般的产业融合机制，又由于旅游产业的特殊性，存在不同于其他产业的融合模式、融合结果。旅游产业是以需求导向型为主的产业。消费者日趋细化和多样化的需求，促进了旅游业与其他产业由分立走向融合发展。

旅游产业具有天然的产业融合特性，这种融合特性既涉及旅游业“食住行游购娱”六大基本要素之间的融合，也涉及旅游产业与其他关联产业、支撑产业之间的相互融合。从旅游产业融合的角度出发，对促进旅游产业转型升级、高质量发展提供了新动能、新引擎，具有指导价值。

现有的关于旅游产业融合的研究，为旅游与交通融合提供了理论基础。但交通运输产业不同于其他产业，既具有极强的公共服务性质，又具有转化为旅游资源的特性，和旅游业与其他产业融合相比较，其融合的原因、融合模式与融合路径也必将具有极大的差异性，在融合发展实践中存在的问题与阻力也大为不同。因此，有必要在现有研究成果的基础上，基于旅游产业融合的本质对旅游与交通融合发展的机制原理进行透彻剖析，才能更好地分析交通旅游产品的创新发展思路，并为实践提供系统解决方案。

第四节　关于旅游交通的研究综述

旅游交通已经不仅是旅游活动的主要因素，更逐渐成为一种旅游资源。国外学者关于旅游交通的研究开始较早，且形成了与实际应用相呼应的研究成果。近十年来，随着旅游业的快速发展和交通运输条件的改善，我国学者对旅游交通的关注度有了极大的提高，且研究进展较快。

一、国外相关研究综述

国外关于旅游交通涉及的研究内容相对广泛，研究视角较为多元，涵盖了旅游者交通模式选择行为、旅游交通对目的地的影响研究、旅游交通规划与交通政策、旅游交通发展的展望和趋势研究等方面①。

（一）旅游者交通模式选择行为研究

Bjorkman（1963）最早开展了对国际旅游交通领域的市场研究，并指出国际旅游交通发展主要受三组因素的影响：个人旅行者对国际旅游的基本认知和态度；规范交通刺激性的外部因素；规范对交通发展具有阻碍作用的因素。Bieger 和 Laesser（2001）以瑞士为例，探讨了国内旅游者在超过 100 千米的旅程中的交通方式偏好。研究发现，在某些情况下，人们的一般优先权与他们针对或反对任何特定交通工具的具体决定之间甚至没有任何联系，只有旅行时间在一般情况和情景中都起着核心作用。Esteve-Pérez 等（2016）采用增长份额矩阵的演变分析和港口组合分析技术，对西班牙邮轮港口及其相关腹地旅游进行了实证分析。

（二）旅游交通对旅游目的地的影响研究

Khadaroo 和 Seetanah（2008）运用重力模型，分析了旅游交通基础设施对旅游目的地吸引力的影响。Daniel Albalate 和 Germa Bel（2010）通过数据验证了城市规划者可以通过扩大服务供给，缓解城市旅游所带来的公共交通压力。Gross 和 Grimm（2018）以德国国内假期期间的目的地度假活动为例，对游客在目的地的交通方式选择的决定因素进行分析，通过检验确定所选择的影

① 董亚娟．国外近 30 年旅游交通研究述评与展望［J］．科学家，2016（8）：89–93．

响因素对运输方式选择的差异，强调目的地内公共交通方式的选择，旨在促进游客的可持续流动。Munnich 和 Iacono（2016）通过调查特定产业集群中的企业如何使用交通网络，以及这些网络在产业集群竞争力中发挥何种作用，来提高交通与经济之间的协调发展水平，并以明尼苏达州为例，研究了交通设施与酒店和旅游产业集群之间的关系。

（三）旅游交通规划、旅游交通政策研究

Kaspar（1978）指出，得到极大提升的运输基础设施是过去十年（即 1978 年之前十年）使得旅游发展成为可能的因素之一。交通的提升促进了国际、国家、区域旅游业的进一步发展。各种铁路、公路和航空运输设施的负责人在审议过程应充分考虑到旅游业的发展，政府部门有责任制定合适和切实可行的运输政策。Schiefelbusch（2007）等以节事旅游为基础，回顾了德国旅游和交通规划的发展，提出了“旅行链”的概念，强调其中的“中转区域”部分。Lickorish（1998）指出，任何发展旅游业的政策都必须考虑到运输承运人愿意积极参与旅游业发展的可能性。与其他运输方式的竞争中发展自己的运输工具不同，这种可能性主要取决于可用的剩余运力。将不同形式的交通与酒店住宿、娱乐、设施以及可能导致旅游流动的商品和服务营销相结合尤为重要。

（四）旅游交通的能源、环境、可持续发展研究

旅游交通的可持续发展一直是国外学者较为关注的旅游交通研究重点之一。Hergesell（2016）运用了环境尺度，根据人们对生活方式领域的环境承诺的总体水平来检查假日交通方式选择的差异。同时采用以产品属性为重点的营销视角，探讨了可能影响假日运输模式选择的运输模式感知，以及潜在的产品属性偏好，由此支持制定鼓励环保度假运输模式选择的策略。Bischof（2002）以杜布罗夫尼克为例，研究旅游可持续发展与交通运输方式之间的关系。提出游客使用的交通方式受到各种变量的影响，如地理，社会人口，社会文化和社

会经济，并指出若没有优质有效的航空运输，国际旅游业就永远不会达到目前的水平。

二、国内相关研究综述

根据中国知网的文献关注度统计，我国学术界对旅游交通的研究主要开始于 1998 年之后。在此后二十年间，研究者对旅游交通的关注度逐渐增长，特别是自 2007 年以来的十余年间，关于旅游交通的文献数量可以说有了突飞猛进的增长。从内容上看，国内对旅游交通的研究可以归纳为五个方面：旅游交通理论研究、旅游交通发展战略研究、旅游交通规划研究、旅游交通管理研究、交通旅游产品研究。主要涉及的研究内容详见表 2–2。

表 2–2　国内近十五年旅游交通研究文献简要统计（2007—2022 年）

类型	研究内容
旅游交通理论	交通与旅游融合发展对策 旅游交通与旅游需求的关系 其中高铁通达性对区域旅游经济格局的关系研究较多
旅游交通发展战略	区域旅游交通发展研究 基于某特定区域的旅游交通特征及发展策略
旅游交通规划	空间旅游交通规划及线路设计 其中旅游风景道、旅游公路规划研究较多
	旅游交通方式选择
	旅游景区交通选线，旅游交通优化
旅游交通管理	旅游交通政策
	旅游交通服务质量 基于某一地区的旅游交通管理现状研究
	旅游交通安全
	旅游交通信息化与大数据
	可持续发展、生态足迹及碳排放、低碳旅游

续表

类型	研究内容
交通旅游产品	旅游市场需求、旅游行为研究
	产品开发与研究，包括自驾车旅游、房车旅游、低空旅游、邮轮游艇旅游等
	旅游交通吸引物

资料来源：根据中国知网数据库整理。

（一）关于旅游交通理论的研究

我国对于旅游交通理论的研究，很大一部分集中于旅游交通与区域旅游经济格局之间的关系研究，特别是近年来对高速铁路与区域格局形成的影响因素分析研究较多。

王兆峰（2009）运用相关系数法对张家界旅游交通对旅游业发展的影响进行了分析。李文正（2011）认为旅游交通是旅游业发展的前提条件和重要支撑，并从空间尺度和旅行过程的角度，将旅游交通划分为三个层次，即从客源地到旅游目的地集散中心的大尺度可进入性的外部交通、从旅游地集散中心到景区的区域内交通以及景区的内部交通。陈刚（2013）基于区域空间结构理论，建立了交通可达性与旅游经济的联系模型，通过对 2002 年、2012 年湖北省交通可达性与旅游经济联系的空间关系的对比研究，发现交通对旅游经济的影响作用日益显著，并在对二者空间关系分析的基础上，提出了湖北省旅游经济空间优化的具体措施。

在高速铁路与旅游区域格局影响关系的研究方面，殷平（2012）提出高速铁路具备提高可达性、降低旅行成本、促进旅游产业要素流动三个方面优势。通过建立高速铁路与区域旅游空间重构的理论框架，对郑西高铁沿线区域的旅游空间结构的变化进行预测。并得出空间发展结论——高铁沿线地区大城市如西安、洛阳和郑州将发展成为区域商务旅游中心，其他沿线旅游城市借助旅游资源特色的挖掘和产品差异化打造，将发展成为旅游站点。崔保健等（2014）从内在因素与支撑性因素两方面构建研究框架，分析了京沪高铁、城际快速客运系统开通后，环渤海与长三角城市群的旅游空间转型过程与方向。马悦（2015）、孙鼎新（2014）、马林（2013）等，对高铁对区域旅游经济与空间结构的关系进行了详细的阐述。

（二）关于旅游交通发展战略的研究

我国对于旅游交通发展战略的研究具有明显的案例研究性质，一般基于某一区域或城市开展实际研究。

毛昕（2016）以云南省域为研究对象，对云南省的交通和旅游空间结构的时空演变特征进行了量化分析，在时间和空间维度上，测度了云南省 16 个州市的区域旅游发展水平。通过分析旅游发展的空间差异、旅游时空格局演变，从交通条件与旅游发展两个方面提出空间结构优化的策略与途径。赵现红等（2007）在剖析旅游交通的内涵和功能基础上，分析了河南省旅游交通运输的现状、层次骨架和组合类型等特征，针对存在的问题提出未来旅游交通发展策略。

（三）关于旅游交通规划的研究

旅游交通规划大致可分为由交通的视角或由旅游的视角切入开展的规划。一类是对旅游地或旅游风景道、旅游交通体系进行规划，如闫见英（2017）构建了绿色交通理念下的城市综合交通评价指标体系，依此对舟山本岛城市综合交通发展环境进行了分析，为舟山后续的交通规划提供指导。另一类是从交通发展模式出发，对促进旅游业发展的交通体系提出发展方向和规划方法，如殷成志、吕斌（2004）、任杰（2004）、曹鸿雁（2011）等。

（四）关于旅游交通管理的研究

近年来我国对于旅游交通服务质量、旅游交通安全的管理研究较多，对于提高旅游品质具有重要指导作用。旅游交通碳排放作为交通体系中针对旅游开展较早的研究，在国家、市级和景区不同空间尺度上均有涉及。在生态优先的旅游发展理念下，标准化的碳排放系数、碳源选择、影响因素、区域碳减排责任分配、碳减排措施、游客交通体验与行为、减排政策等方面是进一步加强研究的方向①。

值得一提的是关于旅游交通大数据的研究，此方面的理论与案例研究较为少见，仍处于初步阶段。随着信息化建设、"互联网+"、智能交通的发展，旅游交通大数据的应用已经被提上日程，2018 年 3 月交通运输部与国家旅游局共同开展推动交通旅游服务大数据应用试点工作。郁娇娇（2013）提出将云模型和交叉口信号优化模型应用到智能旅游系统中，实现旅游所需的站点查询、车次查询、路线查询以及公交换乘路线查询等功能，还可以根据电子地图中的道路分布，为游客推荐缩短出行时间、减少出行费用的行驶最佳路线。

（五）关于交通旅游产品的研究

在我国大力发展全域旅游的宏观背景下，交通运输已经成为全域旅游资源观视角下的一种新兴资源，依托交通运输开发的交通旅游产品，如自驾车、邮轮游艇、低空飞行等，正逐渐成为对旅游者具有极大吸引力的新兴产品。

随着国内自驾车房车旅游的迅猛发展，研究者越来越关注自驾车旅游研究。翟向坤（2003）介绍了自驾车旅游在国外的发展，通过分析自驾游对旅游供给体系的影响，提出应不断完善"环城市旅游休假带"，建立、健全包括自驾车旅游服务中心在内的城市旅游信息系统等举措。王灵恩等（2012）综合考虑旅游资源吸引力、资源环境条件、配套设施状况、客源市场与发展潜力四个方面，构建了自驾车旅游开发适宜性评价体系，并以伊春市为例，对 22 个典型旅游区的旅游资源进行了自驾车旅游开发适宜性评价与分析，对从资源层

① 孙晋坤，章锦河，等.旅游交通碳排放研究进展与启示［J］.中国人口（资源与环境），2016（5）：73-82.

面上的自驾车旅游开发可行性提供了指导。李凤、汪德根等（2017）利用 GIS 空间技术手段，分析了全国营地分布不均衡集中的特征和发展的时空趋势，提出市场条件、自然资源、交通网络以及政策环境是影响营地建设的主要因素，并进一步细分出市场规模、营销推广、交通与线路的提升、政策保障等二级因素。此外，有较多研究关注了自驾车旅游市场及消费者行为特征，以及基于区域的自驾车市场开发等。

现代邮轮旅游是世界旅游业中市场发展最快的，具有消费水平高、经济拉动作用强、辐射带动区域大等特点[①]。目前我国关于邮轮旅游的研究主要集中于邮轮旅游法律制度、市场特征及国际邮轮旅游案例研究。潘勤奋（2007）指出发展邮轮经济必须具备的 7 个基本条件：雄厚的综合经济实力、完善的基础配套设施、发达的对外交通网络、丰富的旅游观光资源、充足的邮轮旅游客源、国际化的邮轮经济政策、高水平的邮轮专业人才。孙晓东、冯学钢（2012）指出邮轮产业是由不同产业中的利益相关者组成的产业价值链，并针对中国邮轮产业发展中存在的问题，提出未来邮轮旅游值得研究的方向——基于产业聚集的指标体系构建和港口或区域竞争力评价、多港挂靠下邮轮港口之间以及各利益相关者之间的竞争与合作模式，并分析了“多港挂靠”环境下消费者的特征、感知和行为。

我国学者对于低空旅游产品的研究，基本开始于 2010 年之后，随着《关于深化我国低空空域管理改革的意见》的出台，通用航空和低空旅游开始逐渐成为研究对象，但我国目前的大多数研究仅集中于发展前景的探索与市场展望。高舜礼（2016）提出低空旅游发展目前存在的桎梏是飞行时间短、观光价格高，从而满足不了市场需求。投资者应该有耐心培育市场，而非迎合政策盲目投资。成英文（2017）指出目前我国低空旅游发展水平和深度仍然不够，在已经开放的低空旅游项目中，真正实现盈利的、常态化运营的项目比重偏小。

① 张言庆，马波，范英杰.邮轮旅游产业经济特征、发展趋势及对中国的启示［J］.北京第二外国语学院学报，2010（7）：26–33.

总体而言，我国低空旅游目前发展处于初级阶段，理论研究相对滞后。

三、研究评述

从目前国内外关于旅游交通的研究文献来看，形成了旅游交通的基础理论研究，以及基于案例的实证研究两种类型。但总体来看存在研究过于理论化，而实际的旅游交通规划与开发又大多偏重于案例实践的“两极分化”现象。如每年诸多车船协会、旅游局、研究机构、互联网企业发布的自驾车房车报告、邮轮消费报告、绿色公路建设指导意见等，基本以实际发展总结为主，缺乏行之有效的理论指导。

纵观交通旅游产品的研究，较为缺乏系统性，学术界尚未将交通旅游产品作为一个独立的体系展开研究，而是基本以对某一种特定产品的研究为主。呈现如下四方面的特点：以实践研究为主，缺少理论支撑；侧重于对旅游产品目标市场特征以及对发展潜力及未来趋势的研究，但就如何开发满足市场需求的产品，研究较为浅显；侧重于对产品本身的研究，如自驾车房车露营地的建设条件的分析，但对土地制度、业态创新、商业运营模式等核心问题涉及较少；注重对国外发展情况及案例的分析，但较多局限于单体案例的分析上，对发展背景、发展体制机制问题分析不足，有代表性和针对性的案例选择也有待进一步挖掘。本书探讨旅游与交通融合发展模式，形成符合旅游产业特征、指导旅游市场实践的理论框架，在实证研究基础上，研发符合市场需求、具有普适性的交通旅游产品，不失为一项有意义的研究内容。

第三章

旅游与交通融合机制、路径与模式

第一节　旅游与交通融合发展的机制研究

旅游与交通融合发展的本质，是旅游产业的无形要素（旅游服务）与交通运输业的无形要素跨越原有的产业边界相互融合，使得原产业价值链发生改变，并形成新产品、新业态与新发展模式的过程。旅游与交通融合的本质原因包括了市场融合、资源融合、技术融合与政策支持四个方面，四个方面共同作用，缺一不可。

旅游与交通的融合机制体现了旅游业与交通运输业的产业特性。首先，旅游产业融合与其他产业如信息业的融合有所不同。旅游业是以资源为依托、以市场为导向的产业，旅游业与交通运输业的融合，必然是“市场驱动”的结果，因此，“市场融合”是催生旅游与交通融合的主导因素。其次，两个产业之间的融合需要具备应用该无形要素的共用平台（朱海艳，2014），在旅游与交通产业的融合过程中，该共用平台表现为旅游资源，交通作为公共服务要素通过转化为旅游资源，延伸到产业发展当中，资源的融合是二者融合的内在动力。最后，技术融合使旅游与交通融合成为可能，是二者融合的外在动力。此外，在我国“以政府为引导，以企业为主体”的体制机制下，政策导向对于产业发展具有明显的推动作用，尤其对于具有公共服务性质的交通运输业而言，管制放松与政策支持对于旅游与交通融合发展起到助推的作用。

一、主导因素：市场融合

以市场为导向，研究不同旅游客群的特有行为特征，设计满足不同需求的交通旅游产品，创新营销手段与渠道，将为扩展交通与旅游融合发展的市场范围、激发潜在消费者，起到推动和加速作用。从核心市场的外部、内部两个方面的需求着手，研究其共性与差异之处，是交通旅游产品开发的必要途径。

（一）交通旅游市场的外部共性

外部共性主要指交通客源与旅游市场的融合。对于作为旅游核心要素之一的交通运输而言，其在旅游活动进程中所面向的市场无疑是传统的旅游消费者市场；而对于以交通运输资源为旅游吸引力，以交通旅游产品为旅游主体的旅游者而言，这部分市场与传统的交通运输的消费者市场，又有极大的差异，是市场融合后的产物。

（二）交通旅游市场的内部特性

内部特性是指基于交通旅游产品的特性。旅游客源市场具有与其他产品不同的差异化需求特征，即便是对于交通旅游产品本身，针对产品的进一步细分，不同的产品所面向的核心市场又具有各自不同的旅游消费需求特征与行为特征。

二、内在动力：资源融合

（一）全域旅游视角下，交通运输要素本身成为旅游资源

结合旅游行程，对交通运输中的要素进行分解，可划分为交通工具、交通设施、交通信息服务三大类，这些要素共同构成了具有吸引力的旅游资源。

交通工具涉及内容丰富，伴随着时代的变迁，不断有新的交通工具被人类发明和利用，例如：早期的马车、牛车、骆驼、人力车、滑竿（我国西部山区常见）等；现代陆海空交通工具，如汽车、火车、自行车、摩托车、飞机、轮船、游艇等；极富文化特色与地方特色的轿子、羊皮筏等；其他特种交通工具，如索道、升降机、热气球、滑翔机、飞艇、沙地摩托等。

交通设施即在交通行进过程中提供的餐饮、住宿、购物、加油、休憩等配套服务场站，包括服务区（游客服务中心）、停车场、加油站、观光平台、休息点、交通驿站等。

交通信息服务是在交通行为过程中，为交通运输提供信息化的服务内容。随着信息化与互联网技术的快速发展，交通信息服务在交通服务当中的作用越来越直接与显著，因此，本文专门将信息服务从交通设施当中剥离开来。交通信息服务既出现于行进过程中，也参与到出发前后的信息提供过程当中。交通信息服务主要有汽车租赁服务、大数据平台服务、宣传营销服务等。

（二）交通工具及其关联产业资源，可有效转化为旅游资源

一方面，交通工具（如汽车、房车、邮轮等）的生产制造工厂，本身可作为工业旅游资源，供游客参观生产过程，强化品牌形象，如法拉利汽车工厂开发了供游客体验的主题公园，使得汽车工厂也可以成为一个旅游目的地。

另一方面，交通工具及其零配件生产厂商的聚集，形成了纵向关联的产业链条，这种产业链条一般以产业集聚区、产业园区的形式呈现。产业聚集区除了生产功能外，还有为工厂服务的相应食宿与休闲娱乐设施等横向联系产业，这些服务设施经过旅游化的包装和打造，也可以转化为旅游资源被游客所使用，基于这种思路应运而生的房车主题小镇，是应用房车产业资源发展旅游业的典型案例。

三、外在动力：技术融合

技术融合包括交通运输中融入旅游的要素，以及旅游开发中融入交通设施两个方面。

交通运输融入旅游元素的技术融合，表现为以下三点：其一，在交通设施及零配件生产过程中，融入旅游与休闲元素，如美国的房车设计越来越多地体

现创新与舒适性，随着定制化的发展，面向旅游景区或旅游主题的定制式房车，也可出现在市场当中；其二，完善道路交通的旅游服务设施，丰富旅游导览、旅游咨询、旅游集散、旅游休闲休憩、沿途观景与购物等服务功能，将单一功能的道路与交通转变为旅游导览信息齐全，可观景、可游玩、可消费的旅游产品，满足越来越多的新型旅游市场需求；其三，在道路规划设计中，融入旅游需求与旅游化打造手法，如“服务区 + 旅游”，以提升高速公路服务区的人文体验性、舒适性、休闲性。

旅游产品开发中融入交通设施的技术融合，是指在旅游景区或旅游配套服务区的规划设计与服务设施的设置过程中，融入旅游者对交通设施设备的需要，配套相应的基础设施。在融合过程中可以创新出满足不断变化的旅游市场需求的新产品，如在房车小镇的设计中，对于私家房车的停放与否以及停放方式的选择，也是一个技术层面值得考虑的问题。技术的革新与发明，将极大提高交通旅游产品的竞争力和价值创造。

四、推动力：政策支持

良好的政策环境是旅游与交通产业融合发展的有效支撑，二者的有效融合发展，首先得益于国家对交通旅游产品开发的重视程度不断加强。近年来国务院及相关部门连续发布政策文件推动两大产业融合发展。2018 年 3 月，《国务院办公厅关于促进全域旅游发展的指导意见》中将推动旅游与交通，推广精品自驾游旅游线路，创新自驾车房车营地、旅游风景道、铁路遗产、大型交通工程、邮轮游艇、低空旅游等特色交通旅游产品作为工作重点[①]。2017 年 7 月，交通运输部联合国家旅游局等六部门发布了《关于促进交通运输与旅游融合发展的若干意见》，提出进一步扩大交通运输有效供给，优化旅游业发展的基础

① 资料来源：《国务院办公厅关于促进全域旅游发展的指导意见》（国办发〔2018〕15 号），2018 年 3 月 9 日。

条件，加快形成交通运输与旅游融合发展的新格局。此外，文化和旅游部、交通运输部等相关部门，以及各类相关行业协会也纷纷出台各类政策文件、行业标准与规范，为交通旅游产品发展提供了良好的宏观环境与发展背景。

在我国交通旅游产品开发处于初级阶段的发展条件下，体制机制问题在一定程度上仍然是制约我国旅游与交通产业融合以及交通旅游产品发展的因素之一。例如，房车生产制造企业的准入机制、空域资源管理体制的建立等，从根本上决定了交通旅游产品进入市场的可行性，以及未来产业发展的深度与广度。针对我国发展现状中存在的问题进行系统分析，寻求体制机制问题的解决途径，提供产品发展对策与建议，是推动交通旅游产品发展的重点内容。

政策支持的另一个方面，在于地方政府提供交通旅游产品的发展保障。通过制定税收、土地等优惠政策，鼓励企业参与到交通旅游产品的投资、建设与开发经营当中；通过人力资源保障措施，为产品开发培养各级别的优秀人才，带动地区就业与居民综合素质的提高。

第二节 旅游与交通融合的技术路径

资源融合、市场融合、技术融合、政策支持“四个维度”的共同作用促进了旅游与交通产业的融合，最终形成带动区域发展的交通旅游产品体系。首先，应对交通运输过程中出现的各个要素进行明晰，进而确定交通旅游资源这一基础条件；其次，将旅游市场需求与旅游产品分类与交通旅游资源相匹配，形成产品的体系划分；再次，通过交通旅游资源的旅游要素植入和旅游功能化开发，通过技术融合打造具有旅游体验性的产品；最后，通过对现有政策研究和体制机制分析，对重点发展产品进行前瞻性判断，并对产品发展起到推动作用。交通旅游产品的开发，对区域发展产生生态、文化、经济等综合带动价值。旅游与交通产业融合的技术路径如图 3–1 所示：

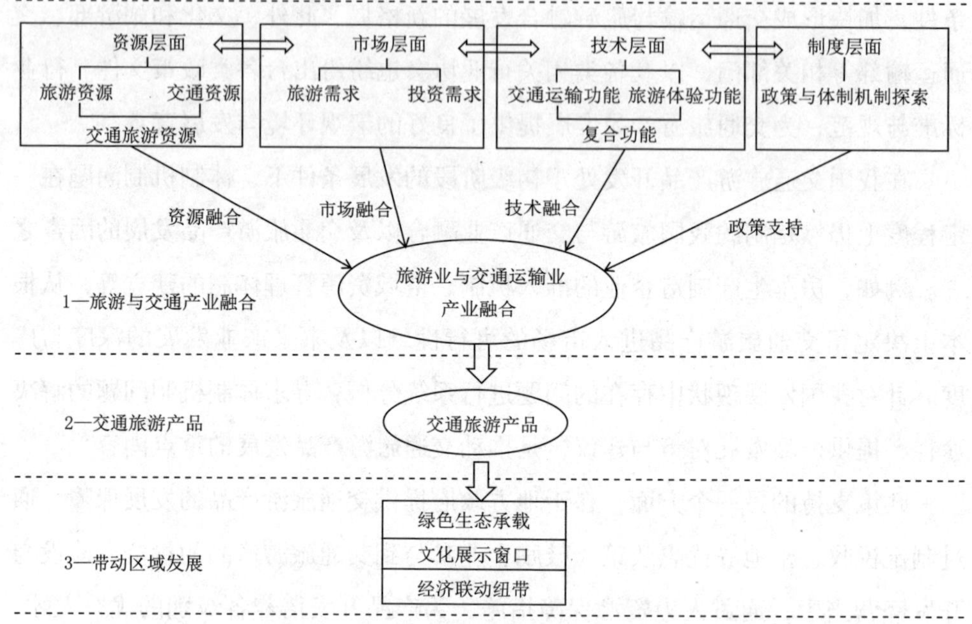

图 3-1 旅游与交通产业融合发展的技术路径

一、新旅游资源扩展：旅游与交通融合的基础

传统旅游发展观念认为，交通作为旅游六大基本要素中“行”的要素，是旅游过程中所必需的线路与交通工具。交通消费是国内旅游消费主体之一，特别是随着自驾车旅游的快速发展，交通消费在我国旅游消费中的占比不断增长，在各项要素中占比最高，为 30% 以上。

在以往的统计和研究中，各界更多关注的是交通条件对区域旅游格局的影响，以及区域或区内交通条件的改善、交通设施的完善、旅游线路的串联等相关内容。实际发展中，随着居民收入和生活水平的提高，长途交通、住宿、餐饮、游览等基本旅游消费的占比将逐渐下降，而购物、娱乐、邮电通信等非基本旅游消费的占比将上升，且消费弹性较大。旅游交通的娱乐化、体验化转型，是提高其非基本消费比例的一个方面，在全域旅游视野下，交通资源已成为全域旅游资源开发与利用中的一项重要资源类型。

2017 年 6 月，国家旅游局颁布的《全域旅游示范区创建工作导则》中，对全域旅游给出明确的定义：全域旅游是指“将一定区域作为完整旅游目的地，以旅游业为优势产业，进行统一规划布局、公共服务优化、综合统筹管理、整体营销推广”的发展模式，全域旅游以“努力实现旅游业现代化、集约化、品质化、国际化，最大限度满足大众旅游时代人民群众消费需求”为目标。全域旅游促进从封闭的旅游自循环向开放的“旅游 +”转变，全域旅游视野下的新旅游资源观，应突破传统资源观念下门票经济的束缚，以产业经济思维扩展可开发利用资源类型。在新旅游资源观下，旅游资源不仅包括了传统的自然、人文旅游资源（地文景观、水域风光、生物景观、天象与气候景观、建筑与设施、旅游商品），还应包括乡村乡镇资源、服务要素资源、关联产业资源、公共设施资源等。正是在全域旅游发展新模式下，交通运输不再单纯地作为旅游发展的基础条件，而是同时以旅游资源的形式呈现。

基于交通运输的基础设施特征，交通旅游资源有其不同于其他旅游资源的独特性，主要表现在具有极强的承载特性。交通旅游资源并非单独作为旅游体验元素，而是作为地方的自然、文化、设施等特色的载体，供游客在旅游过程中观光、体验。作为大众旅游的一项重要体验内容，交通旅游资源正逐渐成为旅游吸引物之一，为“旅游 + 交通”融合发展奠定了基础条件，也越来越受到政府和开发企业的重视。

二、新旅游市场变革：旅游与交通融合的催化

旅游的本质是客源地与目的地之间的人的流动。伴随着交通运输的快速发展，旅游目的地的原有核心客源市场进一步扩展，在民航两小时经济圈、高铁两小时经济圈、公路三小时经济圈内，目的地可覆盖范围进一步扩大，不仅可

以覆盖更大范围的国内市场，甚至可以覆盖部分国际客源市场。

交通条件的改善是客源地格局扩展的重要因素之一，在交通旅游产品的创新发展过程中，应注重以市场需求为导向。旅游者在出行更加便捷的情况下，有机会接触更多的新型旅游产品，进而催生了旅游市场需求的变化，旅游者在选择出行方式与旅游产品时，选择更加多样性和具体化，而为迎合不断变化的旅游需求，新的旅游投资热点层出不穷（如图 3–2）。

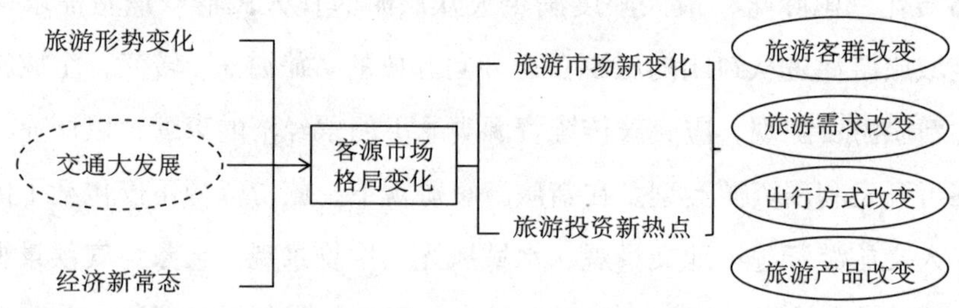

图 3–2　交通条件促进旅游市场格局变化的关系示意

三、新交通旅游产品：旅游与交通融合的产物

旅游产品是旅游活动的核心内容，是在满足旅游市场需求的条件下，对旅游资源进行开发利用的结果。随着交通要素向旅游资源的延伸和深化，旅游与交通产业链形成融合与交叉，交通产品（设施）在生产创造过程中转化为旅游产品，与产品密切关联的生产及经营企业业务扩展，使得产业边界模糊。

交通旅游产品是在旅游业与交通运输业融合过程中，满足旅游市场多样化需求而出现的新产品、新业态。交通旅游产品既具有一般旅游产品的普遍特征，包括综合性、无形性、不可转移性、不可存储性、生产和消费统一性，又具有自身的独特之处。首先，交通旅游产品具有动态转移的特点，交通旅游产品的体验是伴随着交通转移的过程同步推进的，对旅游者产生吸引力的不仅是旅游目的地及其产品，旅途过程本身也具有极强的旅游吸引力，如旅游风景道作为一个典型的交通旅游产品，往往能使游客产生步移景异的旅行体验，再如，邮轮被称作“行驶在海上的五星级酒店”；其次，交通旅游产品具有多方联动的特点，正是由于交通运输的联系特性，交通旅游产品涉及的线路或区域范围更加广泛，还串联了周边的景区景点、乡镇村落、休闲度假设施等，其联动范围比一般的旅游产品更加广泛，综合影响效应更加深远。在交通旅游产品开发与发展过程中，应注重对其产品特性的把握，以促进产品有序、持续发展。

四、新区域发展纽带：旅游与交通融合的价值

旅游与交通融合而产生的交通旅游产品，同时具有生态价值、文化价值与经济价值，是地区绿色生态的承载，是文化展示的窗口，更是经济拉动的纽带。众所周知，旅游业是环保的绿色产业，交通运输对地区环境会产生一定的污染，这也是较早时期诸多关于旅游交通的研究更为关注碳排放的原因之一，而交通旅游产品更加注重生态环境保护，对于优化道路交通环境起到重要作用；交通旅游产品注重提升旅游服务质量与服务水平，强调旅游体验的独特性，对文化要素的吸收和运用较传统的道路交通建设更加深入，很多地区的风景道、服务区、旅游集散中心，已经成为地区文化展示的窗口；与交通旅游产品最直接联系的线路周边区域，特别是特色乡村、旅游小镇的串联，通过人气的聚集对地区旅游经济发展起到助推作用，旅游交通工具作为旅游体验型产品，也进一步增加了旅游盈利点，交通旅游带已逐步成为地区经济发展的廊道。

第三节　旅游与交通产业融合模式下的交通旅游产品体系架构

根据交通方式的不同，崔莉（2006）将旅游交通产业内部划分为旅游公路、旅游航空、旅游铁路、旅游水运和特种交通五种类型。从交通工具与交通设施作为旅游资源的重要类型的角度，本书将交通旅游产品细分为自驾车旅游产品、房车旅游产品、邮轮旅游产品、铁路旅游产品、低空旅游产品体系，如图 3–3 所示。

交通旅游产品体系

自驾车旅游产品	房车旅游产品	邮轮旅游产品	铁路旅游产品	低空旅游产品

图 3–3　交通旅游产品构成

尽管交通旅游产品的产业融合机制与路径相同，但从产业细分来看，各种类型交通旅游产品的产业构成、运作机制各有不同，可以划分为如下三种融合模式：产业重构、功能复合的“产业圈层”模式，产业扩展、功能强化的“产业链”模式，以及交通带动旅游发展的“点 – 轴”模式。

一、产业重构、功能复合的“产业圈层”模式

某些交通工具和设施生产制作的主要目的是用于旅游体验，如房车、邮轮以及铁路旅游专列等，在通行基础上以旅游为核心和基本功能，可以被称作“移动的旅游目的地”。此种类型的交通旅游产品，在旅游与交通产业融合过

程中，一方面通过“四个维度”的融合，强化自身的旅游体验功能，提升旅游产品品质，延伸产业链条，另一方面，融入旅游地的休闲旅游要素，增加旅游功能，通过与旅游地的密切联系，实现产业链的横向拓展。通过纵向延伸、横向拓展的产业重构，形成核心产业、辅助产业、支撑产业构成的功能复合型的“产业圈层”结构，并在空间上以产业园区、产业集群的形式呈现出来。此种模式的融合机制如图 3-4 所示，其典型交通旅游产品包括：房车旅游产品、邮轮旅游产品和铁路旅游产品。

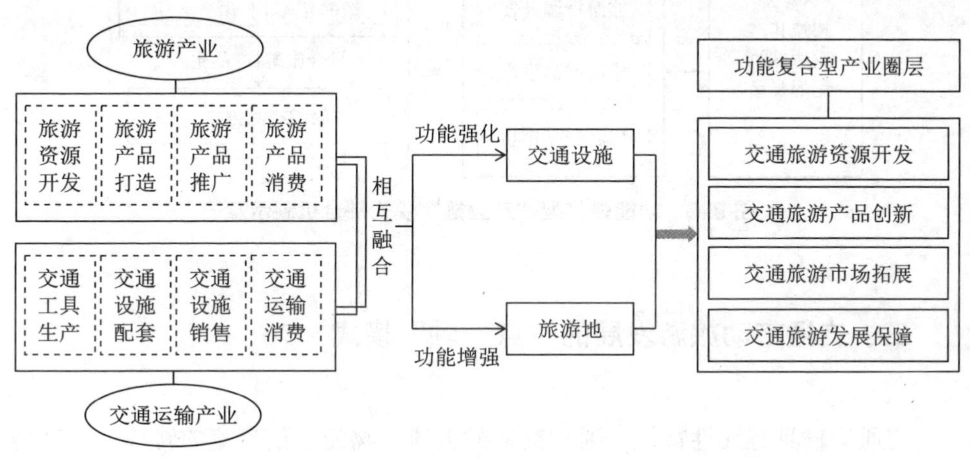

图 3-4 功能复合型“产业圈层”模式融合机制示意

二、产业扩展、功能强化的“产业链”模式

作为旅游通行设施而本身不具备旅游体验功能的交通工具，如私家车、通用航空设备，主要依托外界环境、设施以及旅游地为游客提供旅游体验产品，由此与旅游无形要素（旅游服务）发生联系。此类交通运输与旅游业的融合，主要体现在产业间的相互交叉上，二者共同搭建了无形要素（旅游与交通服务）的应用平台，在原有产业价值链基础上，实现横向产业联系，扩展了产业内容，形成新的旅游资源、新的旅游核心产品与衍生产品，以及新的产品销售

模式，从而形成扩展后的旅游产业链条。此种模式强化了旅游地的旅游功能，其融合机制如图 3-5 所示。这种模式下典型的交通旅游产品包括自驾车旅游产品和低空旅游产品。

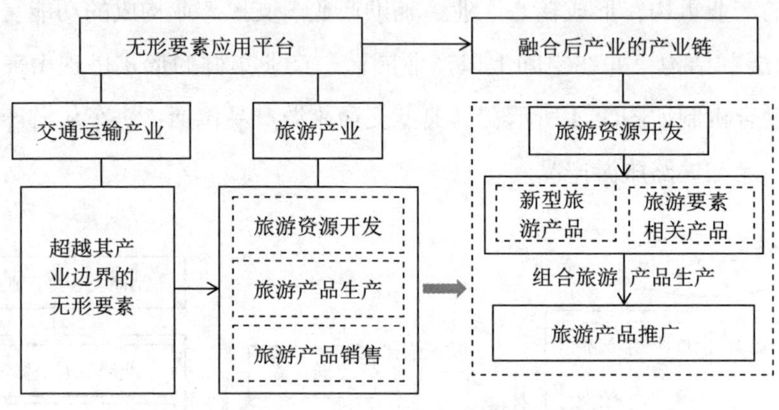

图 3-5 功能强化型“产业链”模式融合机制示意

三、交通带动旅游发展的“点 – 轴”模式

交通运输具有线性特征，通过交通的人流、物流、信息流的转移，带动地区经济社会与旅游发展。在这种模式下，旅游产业与交通产业之间的关系为带动关系，产业融合的边界相对清晰，交通旅游产品更多是借助交通而形成的新模式的运用。

高铁旅游即典型的“点 – 轴”模式。高铁带动旅游产业发展，强调了旅游产业要素在空间的组织形态，使得原有的单一旅游目的地“点”的形式，变为相互之间联系而成的“点 – 轴”布局形式，再发展成“点 – 轴 – 集聚区”，是旅游经济的空间扩散与集聚。这种模式一方面以高铁为发展轴，催生旅游产业与要素在旅游地的空间集聚，从而形成高铁沿线的若干“旅游增长极”；另一方面，高铁沿线各旅游节点之间通过交通与产业要素的相互联系、相互协同，增加了旅游企业的聚集，这些企业在同一区域共用基础设施和相关配套设施，获得规模效益，从而降低企业成本，提高企业效益，进而带动区域旅游一体化发展。在上述产业经济理论下，形成高铁带动旅游发展的“点 – 轴”模式空间结构示意（见图 3–6）。

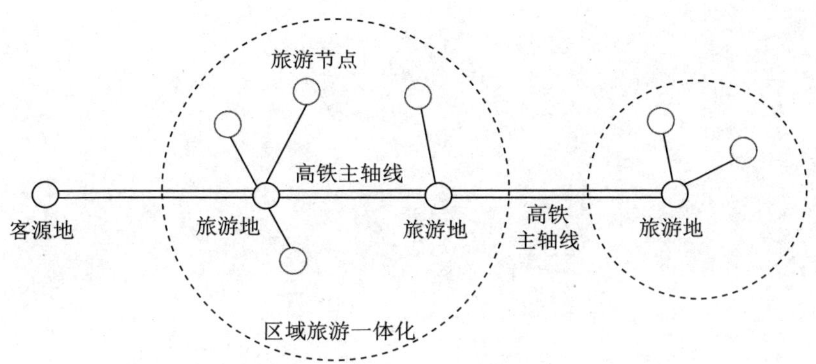

图 3–6　高铁带动旅游发展的“点 – 轴”模式空间结构示意

第四章

产业重构、功能复合的“产业圈层”模式下的交通旅游产品

根据产业融合模式下的交通旅游产品体系，产业重构、功能复合的“产业圈层”模式的交通旅游产品，主要包括房车旅游产品、邮轮旅游产品、铁路旅游产品。由于在我国现阶段旅游发展进程中，不同的交通旅游资源与产品，其产业重构机制相同，但产业构成内容具有极大区别，而且在实践发展中面临的核心问题也有所不同，因此，本书针对此三种交通旅游产品分别展开详细研究。

第一节　房车旅游产品创新发展研究

一、房车旅游产品的典型特征

房车（Recreation Vehicle）简称 RV，即“休闲车”。房车兼具了“房”的居住特征与“车”的交通功能，满足了人们对于交通、休闲和临时住宿的基本需求，又被称为旅居车、露营车。房车“体积虽小，容量巨大”，内部集驾驶、起居、卧室、厨房、卫生功能于一体，具备了基本的居家功能，因此，房车又被人形象地称为“移动的家”。

房车旅游是依托房车开展旅游活动的一种新兴的旅游产品形式。基于房车的车型、对配套设施的要求及使用者的需求等方面考虑，本书认为其具有三个方面的典型特征：

其一，房车旅游使自由行更加方便、快捷。住与行两大要素在游客的出行选择中是重点考虑内容，交通与住宿消费作为旅游消费中的基本消费，占据了旅游出行消费的极大比重。而不论是房车本身还是房车营地所提供的住宿休闲功能，都使得交通与住宿更加便捷，减少了旅游者选择酒店、预订酒店的环节，真正实现“说走就走”的旅行。

其二，房车旅游在我国仍属于中高端旅游产品。房车旅游在欧美国家已经极为普遍，而在我国房车仍属新生事物。由于房车及相关设备的造价成本较高，并且当前满足房车停靠及生活需求的营地数量较少，供需不平衡的情况下，房车旅游消费较高，也恰好迎合了旅游者不断增长的旅游品质需求。

其三，房车旅游更加注重旅行过程与旅游服务的体验性。与一般的自驾车出游不同，房车不仅是交通工具，更是作为旅游活动的重要载体，兼具住宿、交通以及特色交通体验的复合功能，旅游过程中涉及的旅游线路的选择、旅游活动的内容、房车营地的服务设施等也应满足旅游深度体验的需求。

二、房车旅游产业重构

（一）房车产业价值链

依照房车产业行为特征，可将房车产业链分解为三个环节：产业链前端为房车研发与设计；产业链中端，涉及房车及零配件的生产、房车的营销与销售；产业链后端，包括面向消费市场的房车租赁、房车培训与服务，以及户外露营相关的培训与旅游服务等（如图 4–1）。

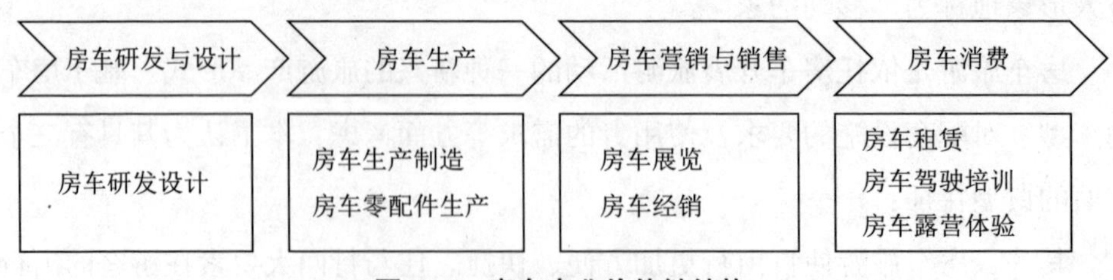

图 4–1　房车产业价值链结构

（二）房车旅游产业的重构手段

基于房车本身的休闲特质，房车旅游与房车产业之间是互为带动、相互促进的关系。伴随着经济社会水平的提高与大众化旅游休闲时代的到来，房车产业与旅游产业的融合愈加迅速。在产业融合的视角下，市场融合即房车旅游消费群体的增加、旅游消费升级需求的增长，是房车产业与旅游产业融合的动因，资源融合、技术融合、市场融合与政策支持的四个层面推升了房车旅游产业的重构。

1. 资源融合与技术融合

房车具有天然的旅游本性，既是交通工具，更是旅游休闲体验的“移动设施”。从全域旅游资源观来看，服务设施是重要的旅游资源，近几年我国以房车及其零配件的生产、房车露营地的建设为核心的房车产业链条逐渐完善，为房车旅游发展提供了资源基础。

对于房车或露营地建设的评价标准，首要考虑的是能否满足使用者即旅游者的需求。房车在设计生产过程中，在原有的满足“生活”必需的基础上，越来越多地融入了休闲娱乐的要素，如增加了家庭影院、小型吧台的设计等。房车露营地也不再只是房车停放、补给的场所，而是增加了亲子、水疗、运动等复合型的旅游功能。同时，越来越多的房车露营地不是仅仅依托景区、度假区、旅游小镇，而是充分运用了旅游打造的手法，本身作为度假区的核心吸引物，或作为独立的景区与旅游小镇进行开发，对于旅游者的吸引力不断增强。

2. 市场融合

目前我国持有房车的客户主要集中于四类群体：一是房车租赁公司，二是房车营地，三是企业用于商务接待和旅游服务的自用房车，四是个人购买房车。与欧美等发达国家不同，我国私人购买房车的数量极少，我国房车旅游主要依靠房车俱乐部组织，因此仍然需要加强对旅游市场的积极培育。事实上，在自驾车旅游发展如火如荼的当下，我国消费者对房车旅游存在潜在需求，特别是近十年来，房车旅游消费观念已经较十年前有了极大的转变，出现了对房车旅游认知提高、对房车旅游配套需求提高、旅游消费人群逐渐扩大的发展趋势，这也成为房车旅游产业发展的巨大动力。为了更精准地把握房车旅游消费者的行为特征，本书针对房车旅游者及潜在的旅游者开展了问卷调查，调查结论将在本章第四节进行详述。

3. 政策支持

国家层面对房车旅游也愈加重视，近年不断出台利好政策支持房车旅游产业发展。我国自 2009 年开始，便在各种国家文件当中多次强调推动与促进房车旅游的建设发展。2009 年国务院《关于加快发展旅游业的意见》中提到将旅游房车这类旅游装备制造业纳入国家鼓励类产业目录①，2013 年国务院办公厅印发的《国民旅游休闲纲要（2013—2020 年）》中特别提到，推进国民旅游休闲基础设施建设，支持自驾车房车营地建设②。2015 年《国务院办公厅关于进一步促进旅游投资和消费的若干意见》中再次提到促进旅游投资，加快自驾车房车营地建设，鼓励发展旅游房车类旅游装备制造业③。2015 年《国务院办公厅关于加快发展生活性服务业促进消费结构升级的指导意见》中提到适应房车、自驾车、邮轮、游艇等新兴旅游业态发展需要，合理规划配套设施建设和基地布局④。2016 年 8 月，国家旅游局会同国家发展改革委、财政部、住房城乡建设部等十一部门联合专门印发了《关于促进自驾车旅居车旅游发展的若干意见》，提出到 2020 年，重点建成一批公共服务完善的自驾车旅居车旅游目的地，我国将建成各类自驾车旅居车营地 2000 个⑤。2021 年 12 月国务院印发《"十四五"现代综合交通运输体系发展规划》，着重提出"提升旅客出行服务品质"，要"推动游艇、游船、房车旅游发展，优化完善自驾车旅行服务设施，依托汽车客运站发展旅游集散业务，培育交通消费新模式"⑥。

---

① 资料来源：《关于加快发展旅游业的意见》（国发〔2009〕41 号），2009 年 12 月 1 日。

② 资料来源：《国民旅游休闲纲要（2013—2020 年）》（国办发〔2013〕10 号），2013 年 2 月 2 日。

③ 资料来源：《国务院办公厅关于进一步促进旅游投资和消费的若干意见》（国办发〔2015〕62号），2015 年 8 月 4 日。

④ 资料来源：《国务院办公厅关于加快发展生活性服务业促进消费结构升级的指导意见》（国办发〔2015〕85 号），2015 年 11 月 22 日。

⑤ 资料来源：《关于促进自驾车旅居车旅游发展的若干意见》（旅发〔2016〕148号），2016年11月7日。

⑥ 资料来源：《"十四五"现代综合交通运输体系发展规划》（国发〔2021〕27号），2021年12月9日。

产业融合的管制放松条件已经具备，但是从上述文件中可以看出，促进房车旅游发展的提法仍然停留在意见层面。目前我国仍然缺乏相关的规范标准与法定政策，这也成为当前限制我国房车旅游发展的主要原因之一。当前我国涉及房车行业的国家标准与行业标准在2015年开始逐渐出现；主要包括:《机动车运行安全技术条件》(GB 7258—2017)(2017年9月)替代GB 7258—2012，于2018年开始实施，新标准里首次给出了旅居车、旅居挂车的定义，并对旅居车标准进一步细化;《旅居车（房车）租赁服务规范》(CA/T 1603003—2016)(2016年3月)，对房车租赁机构与服务场所、车辆及服务要求、质量管理要求做出规定;《休闲露营地建设与服务规范》对房车营位的场地要求、内部设施、安全标准等指标做出了要求。各地还纷纷制定了地方性的房车及营地标准，如沪苏浙皖四地发布的面向长三角地区的《房车旅游服务区基本要求》、安徽省《房车营地基本要求》(DB34/T 3001—2015)、陕西省《自驾车旅居车营地建设与服务规范》等。

（三）房车旅游产业圈层结构

在房车产业与旅游产业的产业融合重构下，相关资源、设施和服务体系一起构成房车旅游产业的服务链。此处将其总结为"房车旅游产业圈"，包括核心产业、辅助产业与支撑产业三个方面，相互联动形成完整的、循环发展的产业结构。其中：核心产业为房车及零配件生产销售业、露营地及露营相关用品行业，如前所述，房车与露营地是房车旅游的核心资源，也是必不可少的基础所在；辅助产业包括了围绕房车经营与销售展开的房车展览业，以及围绕房车行驶、旅游体验、休闲消费所形成的休闲运动及娱乐业、房车俱乐部业、食住购等相关配套商业等，该辅助产业圈层也是直接面向市场，与旅游关联最为密切的方面；为保障房车旅游的顺利展开，提供房车研发、旅游咨询与运营、金融服务，以及面向游客开展的培训与保险、救援等，则构成房车旅游的支撑产业。如图4–2所示。

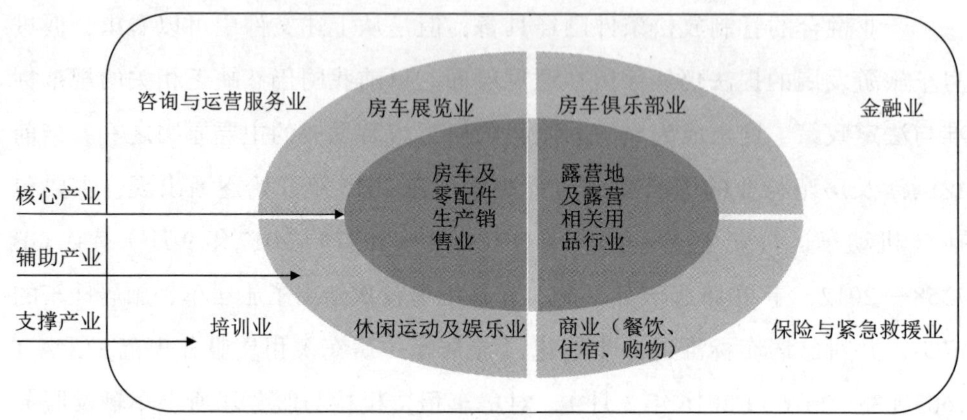

图 4-2　房车旅游产业圈层结构

三、房车旅游产业的国内外发展现状

（一）国外房车露营产业发展现状分析

房车最早的原型被认为是吉卜赛人的大篷车（the Caravan），可以说房车出行在欧美国家具有深厚的文化基因和生活习惯，从开始出现到产业化快速发展，房车在欧美等发达国家已经发展了一个多世纪。1910 年，露营车和露营拖车的生产，标志着现代房车制造业的开始，到 20 世纪 70 年代，房车文化在美国及欧洲发达国家开始盛行，房车的生产能力进一步增强。进入 21 世纪后随着需求量的增加和技术不断进步，房车的生产、销售和出口呈快速发展的态势，房车的设计也开始向更加舒服奢华的方向发展。

1. 房车及房车露营地发展现状

根据2017年的统计数据，美国是房车保有量最高的国家，达到1130万辆，欧洲房车保有量仅次于美国，达到 744.4 万辆，加拿大、澳大利亚、日本等国家房车保有量也有一定程度的发展。我国近几年房车保有量增长迅速，但与欧美等发达国家相比，仍然具有极大差距。

欧美国家的房车露营地发展已经非常成熟。美国已经建成的房车露营地有27210个，在世界范围内排名第一，每百万人拥有量达51.72个，是房车露营最为流行的地区，欧洲的房车露营地保有量约为25000个，每百万人拥有量为33.88个。

表4–1　世界上主要国家房车及房车露营地保有量一览（截至2017年）

国家	房车数量（万辆）	露营地数量（个）
美国	1130	27210
欧洲	744.4	25000
加拿大	122.5	4231
澳大利亚	60.9	2500
日本	10.04	3000
韩国	1.5	120
中国	6.9	800

数据来源：中国汽车房车露营联盟（CFCC）。

欧洲的露营地设置有不同的星级标准，其中三星级、四星级的营地配套设施比较齐全，五星级的营地属于豪华型营地。房车露营的价格与其他旅游方式相比更加低廉。根据德国ADAC俱乐部（欧洲第一、世界第二大汽车协会）的统计，按照两个大人、一个孩子（10岁）、一辆牵引车及拖挂房车的停车、用电、热水淋浴与税金合计的露营地每晚消费为标准，欧洲露营地消费平均价格为32.96欧元。

2. 房车销售与租赁发展现状

房车旅游热潮催生了房车销售与房车租赁行业的发展。据美国房车工业协会（RVIA）公布，2019年美国房车销量为405956辆，为美国带来了1140亿美元的年度经济贡献，创造了596355个工作岗位，贡献了超过320亿美元的工资和支付超过120亿美元的联邦、州和地方税收。美国房车租赁主要面对入境市场和长线旅游者，其中巡游美国房车租赁公司已为100多万人提供房车租赁服务，成为全美最大的房车租赁公司。据欧洲房车工业协会（ECF）公布，2019年欧洲房车销量达209959辆，保持了持续增长。

从房车的类型来看，总体上可以划分为两大基本类型，分别为自行式房车和拖挂式房车。自行式房车以汽车底盘为基础，可依靠自身动力独立行驶。自行式房车车内空间相对较小，设计紧凑、实用，便于移动，适合郊外或长途旅行；拖挂式房车自身不带动力，需要其他车辆牵引才可行驶，具有房车基本功能的拖挂式房车一般来说车内空间较大，宽敞、舒适，但移动性较差，需要牵引才能移动，安全性要求高，需要一定的挂车驾驶技术。自2012年开始，自行式房车的销量开始超越拖挂式房车，自行式房车变得更受青睐。

3. 房车展会发展现状

房车展会是实现房车产销对接的主要环节，欧洲有着全世界规模最大以及数量最多的房车展会。从世界范围来看，德国杜塞尔多夫展览集团公司主办的房车展会不论是在参展商数量、参观人数还是展馆面积来看，都是当今世界房车领域最大的展会。2023年8月举办的2023德国杜塞尔多夫房车展，展出面积超过11万平方米，有来自全球34个国家700多家展商参展，国际展商展出面积占比达25.48%。美国路易斯维尔房车展是美国房车行业最重要的展会之一，已经举办超过55个年头。近年来，美国还举办盐湖城房车体验展览会（The RV Experience），是对路易斯维尔国际房车展览会的进一步提升。

（二）中国房车露营产业发展现状分析

房车及房车旅游在我国出现的时间较晚，最早进入中国的现代意义上的旅居车是1986年由当时的北京京旅旅游汽车公司进口的40辆用于外宾旅游接待的旅居车[①]。1991年电影《不见不散》中的房车的出现，被认为是第一次将房

① 资料来源：中国旅游车船协会，中国社会科学院旅游研究中心，等.中国自驾车、旅居车与露营旅游发展报告（2016—2017）[R].2017.

车带入中国民众的视野当中。

1. 房车生产制造

中国的房车生产制造基本始于2000年前后，2001年是中国房车生产元年，当年我国第一辆拥有完全自主知识产权的自行式房车在中天房车下线，其后房车及零配件生产逐渐形成产业链条。2016年，在申报工业和信息化部《车辆生产企业及产品公告》的载货及专用车产品公示中，有73家房车生产企业的186款房车进行公示。国产房车类型正在多样化，拖挂式房车的生产在国内正走向规范化。

我国房车生产企业的发展在市场需求的拉动下，近些年呈现出“稳中有进”的发展态势。根据21世纪房车网的统计，在国内房车生产企业中，中天、宇通、北方、长城、春田、德兴、福田、江铃、金龙、顺旅、亚特、梦之旅、新凯、驼马、中意、中欧、中通、旅居者、大连嵩霸、凌扬等占国内房车产值的90%以上。

2. 房车保有量与销售量

截至2017年，我国房车保有量已由2010年的4500辆，增长到6.9万辆，房车销售量也由2010年的900辆增长到2.1万辆（见表4–2），全国租赁房车3700多辆、租赁公司或俱乐部500多个。中国的房车销售量及保有量与国际还有极大差距，这与我国八年蝉联全球第一的汽车产销量形成鲜明对照。但近几年房车销售量增长迅速，2017年我国的房车销售量已经超过日本排名亚洲第一，未来发展空间巨大。（注：2018年，我国房车保有量突破10万辆，国内房车销量达3.1万辆、同比增长49%，为便于与世界其他城市和地区对比，本书使用2017年数据进行对比分析。）

表 4-2　2008—2017 年我国房车保有量和销售量变化

年份	2008	2009	2010	2011	2012	2013	2014	2015	2016	2017
保有量（辆）	3000	3600	4500	7000	10000	15000	21000	30000	48600	69432
销售量（辆）	500	600	900	2500	3000	5000	6000	15000	18600	20832
销售增长率	—	20%	50%	178%	20%	67%	20%	150%	24%	12%

数据来源：中国汽车房车露营联盟（CFCC）。

3. 房车露营地

中国于 2003 年加入世界汽车露营总会，也正是在这一年，我国首个具有接待能力的房车营地开业运营，即中天行在新疆的喀纳斯露营地。2018 年，我国房车露营地数量和营位数均达到最高值，分别为 1239 个和 5.61 万个，至 2020 年，房车露营地总数为 1063 个。初步建成并具有一定规模的营地主要集中在长三角、珠三角和京津冀等自驾车旅游较集中的地区，此外，内陆的甘肃、青海、四川、重庆等地的房车露营地也逐步发展起来。

4. 房车展会

伴随着房车生产与销售的快速发展，我国房车展会数量日益增加，专业度也在逐步提高。目前我国各种类型的房车展览会大小规模不等，北京、上海、广州、成都每年都举办有大型的国际房车展会，主要有中国（北京）国际房车露营展览会、北京国际房车展、上海国际房车露营展、上海国际自驾车与房车露营博览会、广州国际房车展、成都（国际）房车旅游文化博览会、唐山·中国国际房车旅游大会，以及海南国际房车（汽车）露营休闲旅游博览会等。中国（北京）国际房车露营展览会创办于 2010 年，经过 13 年的发展，规模日益扩大，是亚洲大型房车露营展览会。总的来看，中国的房车展会数量少，举办城市少，展会持续时间短，品牌影响力较小，参展厂商较少，参观者基本还处于观光和了解新事物阶段。国内房车展会距离德国杜塞尔多夫房车展、美国路易斯维尔国际房车展览会这样的国际知名展会的差距极大，这与我国房车市场发展的现状具有极大关系。

四、房车旅游消费者行为特征分析

当前我国对于房车旅游消费意愿及行为特征的研究极少。李享（2008）对北京市民及来京旅游者共754人发放了调查问卷，并运用统计分析的方法，分析了旅游者对房车旅游的认知程度、消费意愿和消费趋势。分析显示，受访者对房车旅游的平均了解程度仅为“了解一点”，其中有4.4%的人参与过房车旅游，收入越高、年龄越低、受教育程度越高的人，参与房车旅游的意愿越强烈，而拥有私人空间、自主性、舒适便捷是房车旅游对旅游者的主要吸引力所在。此外，该研究还对旅游消费意愿进行了调研，受访者倾向于单次出游6—7天，每人次房车旅游花费为1000—1200元，认为同行人数以4—5人为宜。根据该研究的推断，经过8年左右时间，房车旅游便会开始流行。崔玉敏、陈扬乐（2013）在三亚面向海南本地及外来旅游者共计482人进行了房车旅游市场的消费意愿调研，得出市场对海南房车旅游的兴趣度、吸引要素、营地类型偏好与消费特征等的结论。

从1986年算起，中国的房车旅游已经经历了30余年的发展，尤其是近10年来，随着我国旅游业特别是自驾车旅游的迅猛发展，大众旅游时代的游客对旅游品质的需求增长，人均旅游消费水平提高，房车保有量及旅游人次开始跨越式增长，房车旅游人群及旅游行为特征也将出现新的变化趋势。基于此，本书对房车旅游消费者及其行为特征进行了更加深入细致的调研分析，共发放调查问卷700份，其中终止访问问卷47份，共计回收有效问卷637份，问卷调查任务书及问题设置详见本书附录。

（一）市场主体人群

1. 房车旅游认知度

房车旅游认知度较 2008 年有了极大提高。随着旅游大众化时代的来临，旅游成为人们生活中必不可少的一部分，多样化旅游产品日益进入人们的视野，大众对房车旅游的了解程度明显增加，对房车旅游“非常了解”“有一定的了解”的总共占到 64%，“不是很了解”的占 32%，而“完全不了解”的仅占 4%（2008 年这一比例高达 34.2%）。

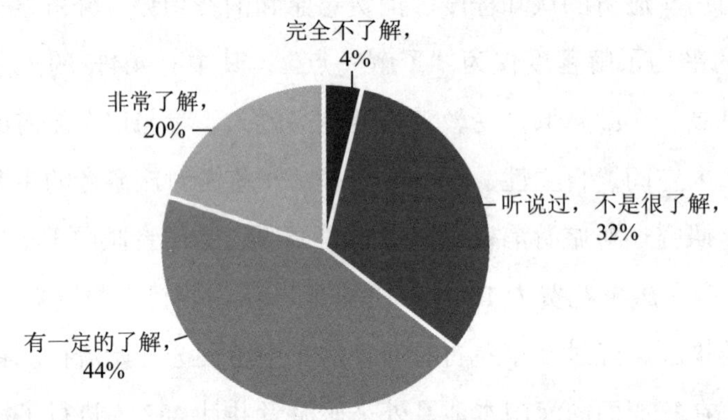

图 4–3　大众对房车旅游的认知度情况

2. 房车旅游参与度

一直以来，房车旅游都存在着“叫好”与“叫座”之间的尴尬。一方面，明确表示对房车旅游感兴趣或愿意体验房车旅游的受访者高达 97% 的比例，如图 4–4 所示；另一方面，仅 13% 的受访者参与过房车旅游，而这部分游客中，近 60% 进行过 1 次房车旅游（见图 4–5）。无论从现有的旅游人数上，还是旅游数量上，房车旅游的参与度与旅游意愿极不相符。

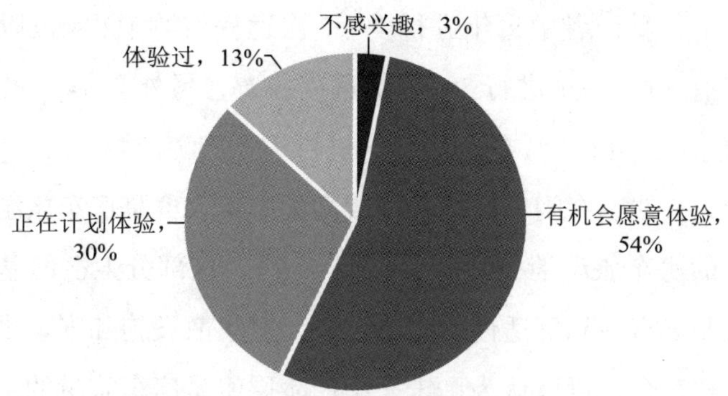

图 4-4　大众对房车旅游的参与度情况

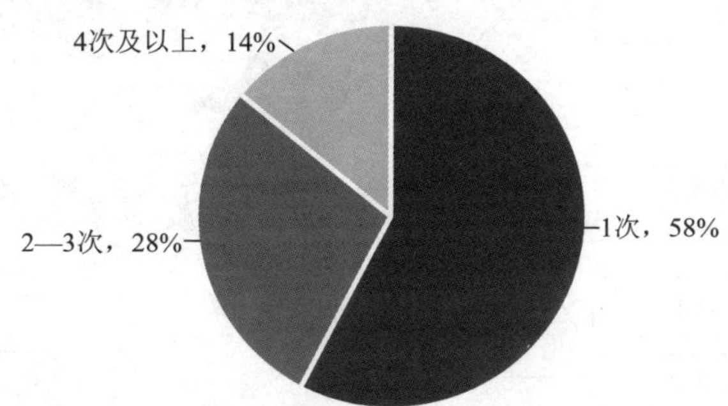

图 4-5　参与房车旅游的次数占比

3. 房车旅游消费者基本特征

年龄结构上，以 29—48 周岁为主，这部分人群占到总数的 66%，其次为 49—58 周岁，占 16%。28 岁以下及 59 岁以上人群占比较小。

教育水平上，受高等教育程度与房车旅游的参与度呈正相关，已体验或有兴趣体验房车旅游的人群以本科、硕士及以上学历为主。

收入水平上，以月收入 12000 元以上为主，其中 12001—20000 元的人群占到 50%，其次分别为月收入 2 万元以上（占 26%），以及月收入 8001—12000 元（占 20%），月收入 5001—8000 元占极小比例（4%）。

个人职业上，以企业管理人员、个体经营者、企业工作人员、自由职业者为主，分别占到 27%、19%、18%、14%。

旅游频率上，受访者中每年进行 1—2 次远程旅游（2 天及以上旅游）的人群占 40%，有 39% 每年进行 3—5 次远程旅游，另外有 14% 的人每年进行 5 次以上远程旅游，也有 7% 的人表示未进行远程旅游。

综合来看，有钱、有闲、文化程度较高的中年人群是房车旅游的主体，由此可得出如下的房车旅游消费者画像（图 4–6），这部分人群的基本特征恰好与中产阶层需要丰富性和舒适性的旅游体验，对集散设施和安全设施要求高等旅游需求特征相符合，可以认为，未来中产阶层将是房车旅游的主力军。

图 4–6　房车旅游消费者画像

（二）旅游行为特征

1. 房车旅游信息的获取渠道

当前消费者获取房车旅游信息的渠道主要是媒体广告（占 33% 的比例），其次为车友俱乐部组织（22%）和网络信息（20%），而亲朋好友介绍及单位组织、商务安排等其他方式，也分别占了 15% 与 10% 的比例。由于目前旅行社极少组织此方面的出游活动，因此受访者中没有通过旅行社获取房车旅游信息的形式（见图 4–7）。

这一调研结果表现出房车旅游与其他交通旅游产品的宣传渠道的极大差

异。一方面，在新媒体与自媒体愈加发达的当下，房车旅游的渠道宣传尚不充分，以致潜在游客获取信息有限，不利于当下的房车旅游市场培育；另一方面，房车旅游产品以自由出行为主，基本依靠旅游者自发出行或俱乐部组织出行。我国房车旅游市场仍处于市场发展的初级阶段，有必要增强相关旅游企业的业务推广与宣传引导作用。

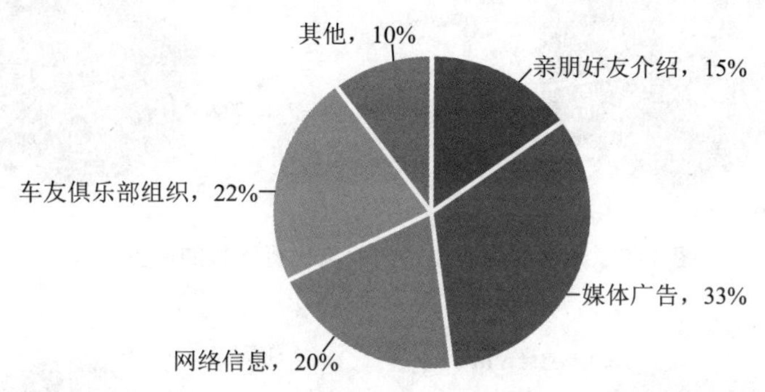

图 4–7　房车旅游的信息获取渠道

2. 房车旅游的出游时间与出行天数

受访者中在周末进行房车旅游的人数最多，达到 28%，这部分游客所参与的产品形式主要以景区设置的拖挂式房车营地为主；其次为小长假与黄金周期间。而从出行天数上来看，与出游时间基本一致，现有的参与过房车旅游的人群中，体验周末二日游的比例高达 34%，其次为 3—5 天及 6—7 天，受个人空闲时间限制，房车出游 8 天及以上人群比例仍然较少。由此可见，3—7 天的出游距离，较符合游客的时间条件与现实需求。

值得关注的是，在对有房车旅游意愿的受访者的调查中，人们所希望的出游时间依次为黄金周期间、寒暑假期间、空闲时间和小长假期间，最后才是周末期间。在出行天数上，仅 1/3 的受访者希望出行 6—7 天，其次为 3—5 天，而 8—10 天仍略高于周末 2 天的比例。

从已出游人群与潜在出游人群的调查对比可以看出，我国目前的房车旅游很大程度上存在着“理想”与“现实”的差距。一方面，人们理想中的房车旅游以较长时间（5—7天及以上）、较远路程为主；另一方面，受节假日时间的限制和现有产品形式的限制，现实情况下人们不得不更多地体验两日“房车营地游”。房车旅游产品的发展现状与市场需求之间仍存在较大差距。

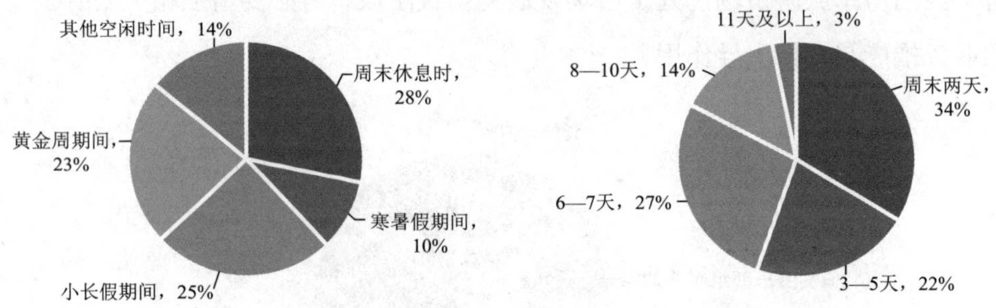

图 4-8　游客的房车出游时间与出行天数的调查统计

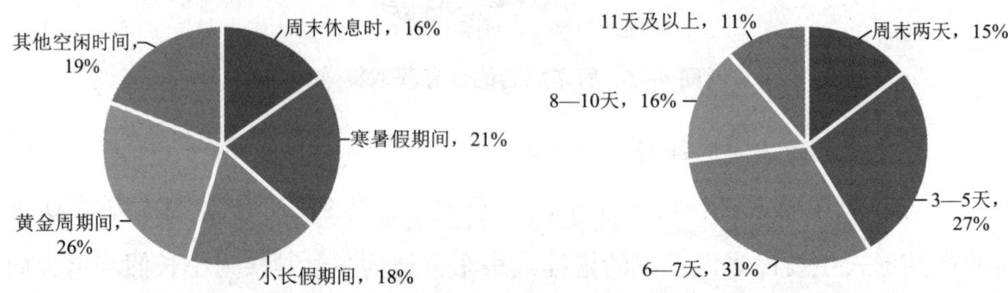

图 4-9　潜在的房车出游时间与出行天数意愿的调查统计

3. *房车旅游的出行方式*

当前游客进行房车出游，主要以房车租赁为主（占31%），其次为汽车俱乐部或房车俱乐部组织的团队出游（26%），另外有很大一部分游客的房车出游为景区房车营地体验，或商务出游以及其他形式（占41%），自有房车的数量仅占总受访者人数的2%，这与我国当前房车的保有量成正比。

4. *房车旅游的消费特征*

根据调查统计，超过60%的房车旅游的人均日消费在501—1000元，另外有25%的人均日消费在500元以内，1001—2000元的占13%，基本没有超过 2000 元的消费。同样与潜在房车旅游者的消费意愿进行对比，更多的人希望房车旅游的人均日消费在 500 元以内（56%）。人们将房车旅游看作是能够降低出行成本的一项旅游产品，需要在房车旅游产品的研发过程中注重产品质量与消费价值之间的平衡。

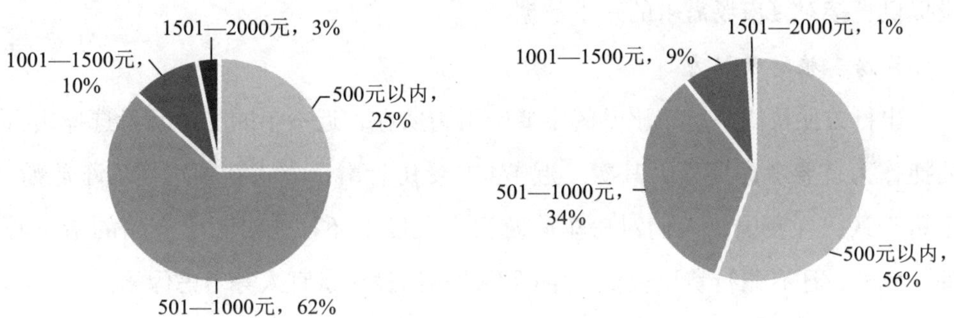

图 4-10 人均日消费现状与潜在消费意愿的统计对比

当前的房车旅游消费中近 1/3 为燃油费用，其次为高速费用（23%）、门票费用（17%）、停车费用（12%），用于露营、餐饮、购物的费用仅占较小比例（房车租赁费用不计算在内）。

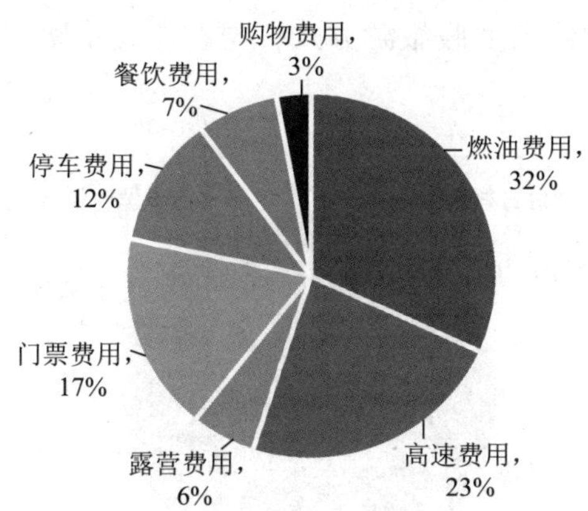

图 4-11 房车旅游的消费构成情况

（三）旅游需求特征

由旅游消费者行为决策理念出发，本书除旅游者对停留时间与花费的偏好外，还对出行方式以及营地设施进行了调研，以期为房车旅游及房车露营地建设提供直接对接市场需求的一手数据。

1. 房车旅游吸引力

出行方便快捷是房车旅游的主要吸引力所在，近一半的受访问者选择出行便捷作为首要考虑要素，其次，近 1/4 的受访者由于方式新颖选择房车旅游。不可否认，在我国，人们对房车旅游很大程度上还存在对新生产品的猎奇心理。此外，还有旅行费用较低、空间舒适、沿途风景宜人等考虑因素。

2. 房车营地的资源吸引力类型

从房车营地的资源类型来看，郊野休闲型房车营地对游客具有极强的吸引力，其次为主题公园型、生态景观型，这三者占到总体的 61%。海滨亲水型、民族风情型、综合购物型和特色古村镇型房车营地的吸引力较弱。从各种资源类型的吸引力来看，人们更倾向于生态休闲类型资源，也体现了人们更关注房车所带来的休闲度假旅游方式，与在旅程中陪伴家人、放松身心的旅游目的相关。

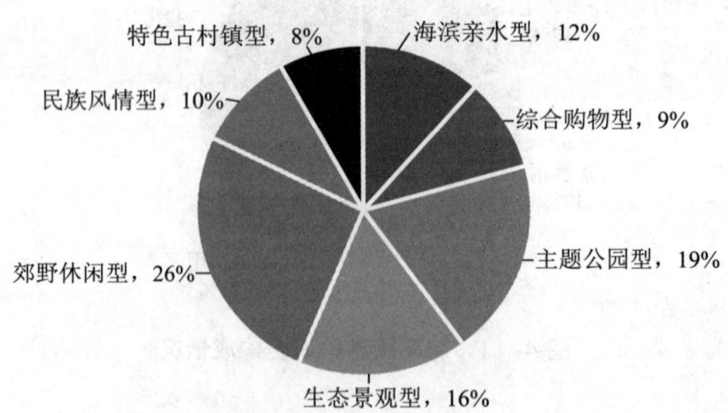

图 4-12　房车营地的资源吸引力类型

3. 对房车营地配套设施的需求

在营地配套设施中，近 1/3 的受访者认为，现有房车营地的营位设施需要进一步强化，此外，休闲娱乐设施、房车给排水设施、运动健身设施等均需强化。通过对潜在旅游者的调查，房车营位、儿童娱乐设施、运动健身设施、游客服务中心是受访者最希望配套的设施，其需求度分别达到 23%、20%、17%、16%，其次还有帐篷露营位、自驾车露营位等设施，这些需求占总数的 24%。

在游客的满意度方面，房车露营文化的缺乏、休闲娱乐或运动设施的缺乏成为我国房车营地建设中最受诟病的方面。房车营地建设目的不纯、开发房地产也在很大程度上影响了游客的体验。房车露营区面积小、拖挂式房车固定停放等产品设计中的问题，也是游客不满意的方面。

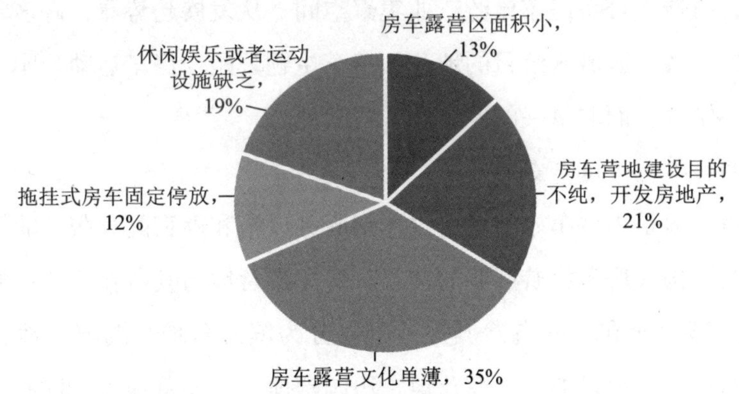

图 4-13　关于房车营地不满意方面的统计

4. 房车旅游限制因素

值得指出的是，针对旅游者对房车旅游的主要顾虑之处，本次调研也进行了进一步探索。受访者认为阻碍我国房车发展的因素或限制其本人进行房车旅游的因素，主要在于以下几个方面：房车驾照管理过严；房车上路难，特别是高速行驶还存在障碍；我国缺少房车露营文化根基，市场需要不断培育；房车租赁不便等。其中涉及众多体制机制限制与市场培育问题，本书将在产品优化升级对策部分进行深入探讨分析。

五、房车旅游产品构成及创新发展研究

结合房车旅游产业圈的构成，以房车旅游市场需求为导向，形成三种形式的房车旅游产品：休闲度假型房车旅游、主题线路型房车旅游、展会观览型房车旅游。

（一）休闲度假型房车旅游产品

此类产品依托旅游地自然与文化资源，以房车露营地为核心，以房车旅游市场需求为导向，通过营造房车旅游文化氛围，融合关联产业要素，完善休闲度假设施，打造复合型房车旅游产业集聚空间。从发展趋势看，许多营地的建设目标是打造成为区域旅游目的地，如房车主题公园、房车运动公园、房车农庄、房车小镇等，而非单一的停车场、宿营地。

1. 产品核心——房车露营地

房车露营地是为房车旅游者提供休闲服务设施和停宿配套服务的场所，与房车产业共同构成房车旅游产业的核心。房车露营地与其所在地的资源关系密切，按照露营地所在地的自然属性，可以分为滨海营地、湖滨营地、湿地营地、森林营地、山地营地、沙漠营地、田园营地、公园营地等；依照房车营地与所在地的关系，可分为社区营地、酒店营地、景区营地。当前我国多个省份设置了营地建设标准，对营地进行星级评定，以利于提高设施与服务水平，统一规范管理。按照设施配置水平，一般将房车营地分为村镇级营地、简易营地、二星、三星、四星、五星级营地等。如图 4–14 所示。

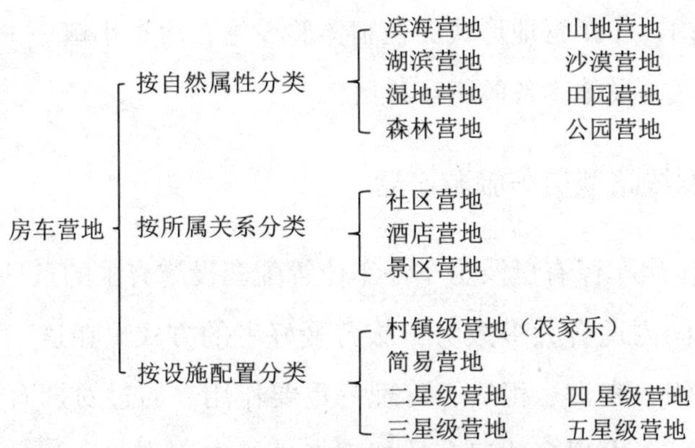

图 4-14　房车露营地类型划分示意

房车露营地与自驾车露营地的营位相比设施要求更加复杂，一个典型的房车露营地，一般包括管理服务中心、露营区、娱乐运动区以及生活服务区等功能区。不仅必备满足房车停靠与补给所需的上下水、充电、燃气等方面的配套设施，还要面对旅游者需求的不断提高，契合房车旅游消费行为特征，设置游客需求的休闲娱乐、运动健身等旅游服务设施。首先，房车露营地的建设应融入当地的自然与文化资源特征，营造具有独特性与体验性的房车露营文化；其次，在保证房车营位停靠与补给、服务接待、车辆维修、户外露营等基础功能的同时，增加休闲娱乐与运动设施是房车旅游者的重要诉求之一，如汽车影院、儿童乐园、户外游乐园、拓展训练场、露天游泳池等的设置，以满足游客家庭旅游、郊野运动、休闲度假的需求；最后，为丰富体验项目，平衡营地初期投资成本，可配套木屋旅馆、集装箱旅社、会议中心、休闲商街等接待设施。

2. 复合功能——产业集聚空间

房车产业与旅游地优势资源相结合，或与引入的其他优势产业相融合，可以打造不同类型、特色突出的产业集聚空间。主要包括：房车主题公园——用于展示房车文化、体验房车生活的主题露营公园；房车运动公园——以房车营地为主，辅以户外运动、康体健身、体育休闲的大型主题公园；房车农庄——

位于农业景区内，房车营地形式的住宿体验设施；房车小镇——位于休闲度假区，或临近景区，设施齐备的房车社区。

（二）主题线路型房车旅游产品

在当前我国房车保有量及房车停车位等配套设施有限的条件下，租赁房车出游是一段时间内适合大多数房车旅游爱好者的方式。在这个过程中，房车俱乐部起到组织、咨询、租赁、管理等重要作用。通过对拥有房车的受访者的深入访谈，可以发现多数房车的拥有者更倾向于将房车放在俱乐部，由俱乐部对外出租，这样既解决了房车的停放问题，也增加了房车的使用率并获得一定的投资收益。在这种状况下，房车俱乐部如何抓住市场机遇，组织能够充分调动市场需求的房车旅游产品，快速扩展市场，是下一步发展的首要问题。

1. 加强对线路型产品的组织和推广

房车旅游作为一种新兴的旅游产品，目前一般以单独的旅游吸引物或旅游目的地形式出现，与其他旅游业态关联较少，如北京龙湾国际房车露营公园，厦门豪威莱斯房车露营公园等。在我国房车旅游仍然需要加强市场培育的现状下，房车旅游应更多地与其他旅游产品相结合，彰显线路组合优势，从而对增加房车旅游受众、挖掘高端消费者的消费潜力、实现房车旅游的价值最大化起到积极的促进作用。

2. 注重主题线路的选择和主题活动的开展

通过对自驾游热点线路进行梳理，串联沿线核心客源地及房车露营地，可组织不同主题的房车旅游产品和线路，如生态主题游、文化主题游、小镇主题游、沙漠主题游、西北风情主题游等；通过与研学旅游、银发旅游等专项市场对接，还可开发戏曲主题游、观鸟摄影主题游、少数民族歌舞主题游等与旅游活动联系紧密、寓教于游的房车旅游产品和线路。

3. 拓展房车旅游经营主体

目前我国开展相应房车旅游业务的经营机构主要是房车俱乐部和汽车俱乐部，基本没有旅行社开设房车旅游产品。实际上，旅行社在旅游主题线路的组织上具有丰富的资源与经验，地方政府及各种综合型房车露营地（如前述房车公园、房车农庄、房车小镇等），应制定鼓励措施，调动旅行社与房车营地合作的积极性，鼓励各种旅游企业参与到房车旅游产品的组织和推广当中。

4. 增加面向会员附加的品质服务项目

现有房车旅游的运营模式大多是面向俱乐部会员，提供会员制的旅游服务。在共享经济模式下，还可以融合休闲、娱乐、康养、健身、运动等其他类型的旅游休闲配套服务，开发面向中高端消费的房车旅游服务系统。

（三）展会观览型房车旅游产品

房车展会业是房车旅游产业圈中必不可少的辅助产业。在欧洲和北美等房车旅游较为发达的国家，各国基本拥有一个或若干个占有主流和垄断地位的大型房车展会。我国在房车展会方面有着很大的发展空间，也正面临难得的发展机遇。根据房车展会所面对的参展人群的不同，可将房车展会旅游产品细分为两种类型——商务型房车展会旅游和观光型房车展会旅游。

商务型房车展会旅游产品主要面向房车专业经营与从业者。这种类型产品一般由全国乃至世界范围的房车生产、经销商参加展出，举办房车旅游专业会议，从而带动区域旅游消费和地方经济发展。例如，世界最大的房车展会——德国杜塞尔多夫国际房车展览会（CARAVAN SALON），每年在德国著名的展会城市杜塞尔多夫举办，涉及房车产业的各种相关内容，包括自行旅居车及牵引式旅居车、摩托旅居车、旅居车设备、旅居车改装配件及设备、旅居车维护、维修及售后服务、旅居车营地配套设施及设备，以及露营用品、休闲用品、帐篷、配件等。2023 年杜塞尔多夫国际房车展览会吸引了来自世界各地的 750 多家参展商，起到了行业风向标的作用。

观光型房车展会旅游产品主要面向房车购买者与体验者。这种类型产品更加注重对于房车的宣传介绍和多样体验活动的开展，通过营造房车旅游文化环境，联合房车俱乐部与旅行社，推广房车旅游产品。展会一般结合举办地周边的旅游要素与服务设施，引导与培育房车旅游市场，激发消费群体的潜在旅游意愿，对于普及房车旅游意识，推动房车旅游发展，起到促进作用。

六、房车旅游产品优化升级对策

当前我国房车旅游发展尚处于初级阶段，正面临旅游数量快速增长与旅游产品质量提升的双重契机，巨大的潜在市场下仍需要时间与经验累积。针对房车旅游产品发展现状与市场调研中发现的问题，本书认为应从以下四个方面实现房车旅游产品的优化升级。

（一）制定政策，强化发展体制机制保障

基于目前我国房车旅游发展中存在着诸多方面交通法规限制的现状，强化政府引导，加强房车旅游相关法规的配套，是房车旅游产业能够快速、有序、健康发展的前提条件。就当前的发展实际而言，以下两个方面的政策限制成为房车旅游发展的主要制约。

1. 关于汽车上路的牌照限制

虽然近几年国家政策对房车的支持力度很大，但是在实际发展过程中存在着“上路难、上牌难、准驾难”等方面的限制。

首先，房车的“上路难”问题。一般小于 6 米的自行式房车，可以较为容易地驶入高速行驶，但对于 6 米以上的车型，特别是对于拖挂式房车上路则一直存在争议。尽管 2015 年 4 月 8 日公安部发布《关于规范旅居车挂车上路通行管理工作的通知》规定，全挂式车辆是禁止上高速的，而拖挂式房车不在此范围内，并且 2016 年 11 月，国家旅游局等十一部门联合发布的《关于促进自

驾车旅居车旅游发展的若干意见》中指出，“允许安装有符合国家标准牵引装置的小型客车，拖挂重量不超过2.5吨的中置轴旅居挂车上路行驶”，但在实际执行中，很多拖挂式房车行驶进入高速路仍然被阻，原因是高速路工作人员分不清车辆属于全挂车辆还是半挂车辆，房车经常出现被拦截、扣查的风险。

其次，房车的“上牌难、准驾难”问题。我国交规规定，车长小于6米，乘坐人数少于9人的自行式房车，上蓝牌，C1驾照即可驾驶；车长大于6米的房车，根据车长与载客人数的不同，需要A1、A2或B1驾照，挂黄牌；车长大于9米的房车，需要A1驾照，挂黄牌。关于拖挂房车上牌的问题则一直没有明确的规定，特别是对于美式大空间的拖挂式房车，各地挂牌标准不同，也为经销商和房车购买者造成了困惑。

上路问题、上牌问题、准驾问题，对于房车旅游的发展都造成了一定程度的障碍，相应法律法规有待进一步健全，需要旅游、交通等有关管理部门的协商解决。对于有关旅居挂车的已有政策，应加大落实力度，避免雷声大雨点小的现象发生，对于房车的上路、上牌问题，应在综合考虑道路情况、安全保障的条件下，结合自驾车发展实际，补充旅居车通行管理规定，在制度环境上避免产生发展障碍。

2. 关于房车保险与年审制度

保险、车管等机构对于房车的保险与年审制度调整，也是需要房车管理法规统一的方面。“房车”作为房和车的跨界产品，和一般的汽车有所不同，而保险公司、车管所等机构都没有对其进行特殊分类，所以房车购买者在办理保险和年审时存在诸多障碍。统一房车管理，为房车销售、上户、保险、年审等提供支持的政策、法规势在必行。

（二）规范标准，提高房车企业可进入性

当前房车的大规模、产业化发展，仍然存在政策壁垒。在房车市场准入方面，由于在我国房车属于专用车，一家企业要生产房车，首先需要有工信部

核发的专用车生产资质，有了这个资质之后，生产的房车需要工信部门的验收，验收合格后，工信部会公布哪家企业生产的何种车型，即进行车型核准或认定，经过工信部的正式车型核准并正式公告后，这家企业才可以生产这个型号的房车。在房车的生产和销售方面，房车企业各自为政，使得生产、销售成本居高不下，国内企业生产的房车价位差距较大，少则几十万元，多则上百万元。市场的不规范，鱼龙混杂，也在一定程度上限制了房车产业的发展。国家应在房车的市场准入、市场竞争、企业自律等方面制定相关的行业标准与管理举措，加快行业标准修订工作，以超前的发展观念指导行业发展。

（三）多方联动，推动房车旅游市场培育

有行业内人士认为我国房车旅游发展与欧美等发达国家差距较大，主要在于民众对“带家出行”的旅行消费观念的不同，认为这是房车旅游发展滞后的根本原因。对于这种观点，本书并不能完全认同。从中国历史上来看，从来不乏寄情于山水的“长途跋涉”，既有历代帝王的浩荡巡游，也有李白、唐伯虎等文人墨客的挥墨书画名山大川，欧阳修等官吏的“醉翁之意，山水之间”，以及丝绸之路的亦商亦游……只是到了近代工业革命以来，受工业发展水平与经济发展水平的限制，使得我国在房车旅游上的起步相对较晚。

从市场问卷调研情况可以看出，人们对房车旅游的关注度与参与度快速增长，如何将市场潜在的消费意愿转化为消费现实，需要多方联动，共同引导和激发房车旅游市场发展。此处的多方，既包括“房车旅游产业圈”所涉及的各个层面——房车产业链的生产制造企业、销售企业，房车旅游经营的房车露营地、房车租赁企业、房车俱乐部、旅行社，还包括房车行业协会与各级政府。首先，政府应引导房车旅游相关企业积极投入市场的推广当中，通过制定奖励措施调动企业积极性，开拓市场发展空间，引导市场有序发展。其次，房车生产与经销的企业可以与房车租赁企业联合宣传，加强房车文化推广与房车旅居体验。此外，尤其要发挥房车俱乐部、旅行社的推广作用，借助传统媒体、新

媒体与自媒体等多种营销渠道，通过参加各种专业展会，推广房车旅游产品与线路，并在产品开发过程中，面向不同年龄与家庭结构的人群，推出不同的产品与营销方式。

（四）强化规划，促进房车旅游品质升级

我国房车旅游在很长一段时间仍将属于中高端旅游产品类型，其核心市场客源是中产阶层和富裕阶层，优化提升现有房车旅游品质尤为紧迫。在政策支持下，各地纷纷出台房车旅游规划，制订了房车露营地规划建设计划，但从我国现有房车露营地的建设情况来看，还处于初级产品发展水平，存在车位偏小、上下水设施不完善、房车露营文化不到位、缺乏休闲娱乐配套设施等诸多问题，不能满足旅游者的基本旅游需求。在房车旅游发展中，应以市场需求为导向，重视房车旅游产品的新形态和露营地开发新模式的规划。对于新建房车露营地，从源头上做好策划、规划、设计工作；对于已建成房车露营地，做好提升改造规划，充分挖掘和展现本土文化与房车露营文化，做好功能分区规划，指导营地服务设施和周边地区水、电、路等基础设施建设，满足游客的住宿、餐饮、休闲、娱乐、购物、运动等多样化消费需求，提高房车旅游服务水平，积极发展房车旅游精品项目，促进房车旅游品质的提升。

第二节　邮轮旅游产品创新发展研究

一、邮轮旅游产业重构

（一）邮轮产业链结构

邮轮产业是以邮轮船舶为载体，以邮轮港口为中心，由邮轮制造业、邮轮

经营企业、港口服务业和旅游服务业所组成的经济系统，是不同产业中的利益相关者所组成的价值链。邮轮产业具有天生的“集聚性”，这种集聚性表现在三个方面：其一，从全球价值链的角度来看，世界邮轮产业价值链的分布呈大区域分散、小地域集聚，涉及邮轮产业各环节的各个企业以垂直分工的形式分布于世界各地，在地域上又以港口为中心集聚；其二，邮轮本身具有集聚性，邮轮具有“旅游目的地”属性，承载了大量满足市场需求的产业链中下游的邮轮运营与旅游休闲服务，旅行过程中的休闲娱乐活动主要在邮轮上进行；其三，港口具有集聚性，以港口为集聚点，形成邮轮的维护、补给、餐饮、物流及相关配套的产业集聚，并提供游客的陆上旅游对接。良好的邮轮母港或停靠港，吸引大量的邮轮停靠，对区域经济带动性极强。按照邮轮产业的行为特征，可以将邮轮产业链表示为如下结构（图 4–15）。

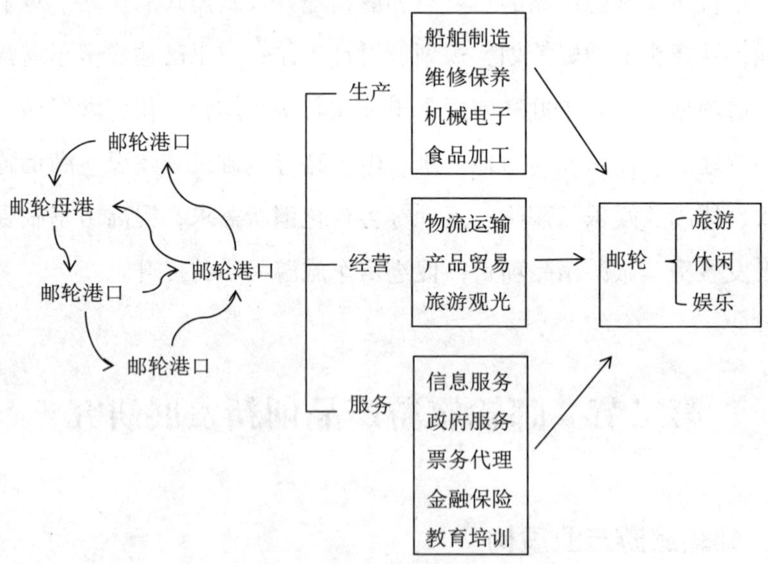

图 4–15　邮轮产业链结构

（二）邮轮旅游产业圈重构手段

由于邮轮的旅游休闲特质，邮轮产业与旅游产业之间是相互融合、相互渗透的关系（如图 4–16）。正是这种特性，使得邮轮产业的生产、销售、运营与服务各个环节与旅游业的设计、开发、营销与消费阶段具有密切的关联，二者互为参照。

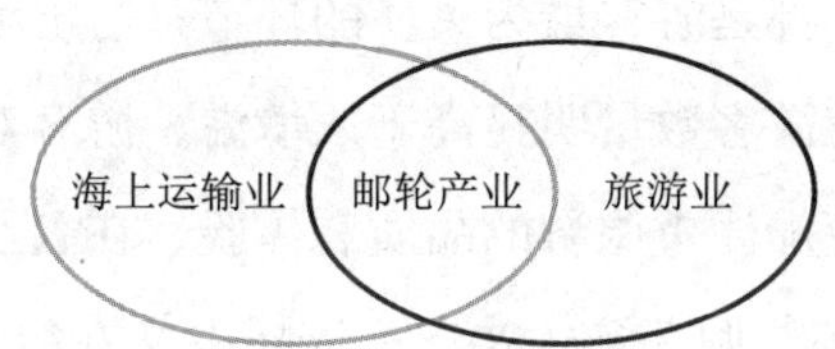

图 4–16　邮轮产业与旅游业的关系示意

现代邮轮经济被认为是高科技、高资本、高人才、高消费密集型的产业经济。从产业融合的角度来看，邮轮旅游业在资源融合、市场融合、技术融合、管制放松（政策支持）的共同作用下，形成了邮轮旅游产业圈的重构。

1. 资源融合

邮轮自身具有“旅游目的地性”。以邮轮作为一种核心吸引物，享受邮轮所提供的旅游休闲娱乐服务，体验邮轮独特的休闲度假方式，是游客选择邮轮出游的首要因素。在新旅游资源观下，服务设施是重要的旅游资源之一，邮轮所提供的餐饮、住宿、娱乐、购物、游乐、文化交流、休闲服务，以及康体养生、研学教育、特种探奇（如某些邮轮在公海区域设置的赌场）等设施，都构成了邮轮旅游资源，这也是邮轮旅游的产业核心。

邮轮港口所在地一般都是著名旅游城市，有着丰富的旅游资源，这些地区除了为邮轮提供补给供应和维护保养外，也为游客提供丰富的岸上旅游产品。特色的邮轮港口设施，港口所在地的自然景观、风土人情、社会制度景观等，与邮轮本身形成资源互补，有效提升了邮轮的全程体验和满意度。

2. 市场融合

邮轮旅游的市场特征，既承载了中高端旅游消费者出游行为的共性特征，又体现了游客对邮轮服务及其岸上游程需求的个性特征，同时还具有我国邮轮旅游发展的阶段性市场特征，是指导邮轮旅游产业重构的基础。

随着经济水平的提高，人们对优质旅游的需求不断上涨。中国邮轮旅游市场进入到产品差异化、品质化需求阶段，舱房条件、餐饮美食、主题活动、娱乐演出、岸上游程等，都是游客最为关注的环节。与出境游的快速发展现状相一致，我国邮轮出境游游客数量明显高于入境游，游客对邮轮旅游的岸上行程的个性化更为关注，更加注重旅游的品质和体验，在餐饮和文化娱乐方面的消费也不断提高。孙晓东，倪荣鑫（2018）依托中文在线旅游平台携程旅游网，以2016年在中国投放的大型（7万吨级以上）豪华船舶的邮轮企业为研究对象，通过对游客点评数据进行统计分析，发现邮轮品牌在中国市场的形象辨识度不高，这与邮轮旅游在我国兴起时间较短有关。“休闲”是游客感知类的高频词汇之一，邮轮游客的出游动机主要为了休闲度假和放松身心等。邮轮旅游不需要路途的劳累奔波，较适合老人小孩出游，因此，邮轮旅游更多是家庭出游。

3. 技术融合

技术融合为邮轮旅游提供了强力支撑。邮轮旅游产业的生产与运营，需要满足旅游市场新需求，围绕邮轮的旅游要素，与旅游产品、游憩方式、旅游线路的设计理念结合，实现邮轮产业与旅游产业的技术融合。其一，在邮轮的生产制造、维护保养、运输物流方面，设计、生产一体化，如国际邮轮公司为了更好地迎合中国游客对高品质产品的需求，在邮轮的设计、生产环节强调文化元素的融入和视觉呈现，同时，在游乐设施的设计生产中，加入了更多创意的产品形式。其二，在邮轮及港口的运营过程中，注重专业服务策划、岸上游线设计、市场营销活动设计等方面与旅游市场需求的密切结合，融入市场感知要素与形象品牌观念的信息服务、咨询代理、营销推广，与一般旅游产品及其他交通旅游产品相比较而言更加具有针对性。

4. 政策支持

伴随着邮轮产业的发展以及邮轮旅游市场规模的持续扩大，国家及地方政府不断鼓励旅游产业发展，尤其是2015年以来不断推出扶持政策，为中国邮轮旅游产业发展提供了政策红利。自2014年8月，《国务院关于促进旅游业改革发展的若干意见》中首次提出积极发展邮轮游艇等休闲度假旅游，优化邮轮出入境政策以来，国家及相关部门已先后颁布了多个涉及邮轮产业发展的政策性文件（《国务院关于促进海运业健康发展的若干意见》、国务院《关于进一步促进旅游投资和消费的若干意见》、六部委《关于促进旅游装备制造业发展的实施意见》、六部门《关于促进交通运输与旅游融合发展的若干意见》、十部门《关于促进我国邮轮经济发展的若干意见》、五部委《关于加快邮轮游艇装备及产业发展的实施意见》等），对于推动邮轮产业与邮轮经济发展，建立国内大型邮轮研发、设计、建造体系，鼓励企业参与邮轮研发与建造，以及邮轮入境游客签证优惠等方面，起到了积极的促进作用。随着邮轮母港建设步伐的加快，各地政府及相关部门也纷纷出台支持邮轮旅游发展的实施意见和奖励措施，如上海市《关于促进本市邮轮经济深化发展的若干意见》《支持宝山区邮轮产业发展的若干意见》，威海市《发展国际邮轮旅游产业财政奖励意见》，福建自贸区厦门片区管委会《关于促进厦门自贸试验区邮轮船供服务业发展的暂行办法》，海口市《鼓励邮轮产业发展财政补贴实施办法》等[①]，对于港口、基建、旅游发展等都给出了执行性较强的推动办法。

（三）邮轮旅游产业圈结构

以上述产业融合理论为指导进行邮轮旅游产业圈重构，形成邮轮旅游的综合性、循环型的产业圈层结构（如图4–17）。邮轮旅游产业圈是邮轮产业的核心与根本功能指向，以邮轮旅游为核心，涉及餐饮、住宿、购物、休闲、娱

① 汪泓，等. 2017—2018年中国邮轮产业发展研究［M］. 中国邮轮产业发展报告，2018：53–56.

乐、康养及特种旅游等旅游要素；以邮轮及港口的运营、服务为支撑，包括产业链上游的邮轮生产制造、维护补给，以及产业链中下游的票务代理、信息咨询、金融服务、产品贸易、运输服务等。进一步细化细分邮轮旅游产业链，对于提高邮轮消费渗透率，发挥产业间的关联带动作用，具有积极的意义。

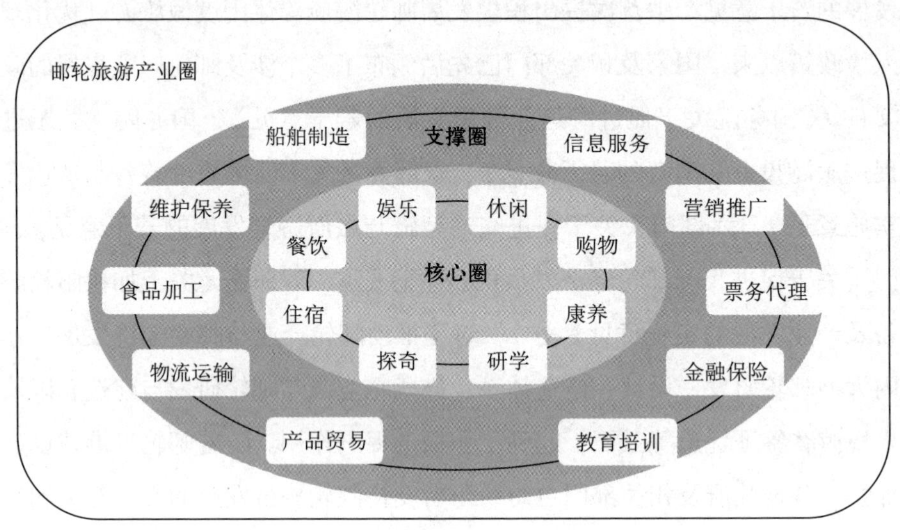

图 4–17　邮轮旅游产业圈层结构

二、国内外邮轮产业发展现状

现代的邮轮（Cruise Ship）专指在海洋中旅行的大型客运轮船，具有典型的旅游休闲特质。历经百余年的发展，邮轮产业已经成为一个国际化、高资本、高消费的全球性产业。在我国旅游市场高速增长、人们对优质旅游的需求不断提升的背景下，在我国“海洋强国”战略和“21 世纪海上丝绸之路”倡议的推动下，邮轮旅游发展进入稳步发展期。

（一）国外邮轮产业的发展现状

从邮轮旅游市场情况来看，现代邮轮产业于 20 世纪 60 年代起源于北美地区，并迅速在北美和欧洲地区蓬勃发展，现在已经进入市场成熟期。以新冠感染疫情前的数据为参照，根据国际邮轮协会（CLIA）的数据统计，在 2010—2018 年的九年间，全球邮轮旅游市场人次由 1907 万增长至 2690 万，增长了 41%，截至 2018 年 12 月，旅游人次实现同比增长 4.26%（见表 4–3 及图 4–18）。

表 4–3　2010—2018 年全球邮轮旅游市场数量及增长率统计

年份	2010	2011	2012	2013	2014	2015	2016	2017	2018
游客量（万人次）	1907	2050	2090	2131	2209	2319	2470	2580	2690
增长率	4.20%	7.50%	1.95%	1.96%	3.66%	4.98%	6.51%	4.45%	4.26%

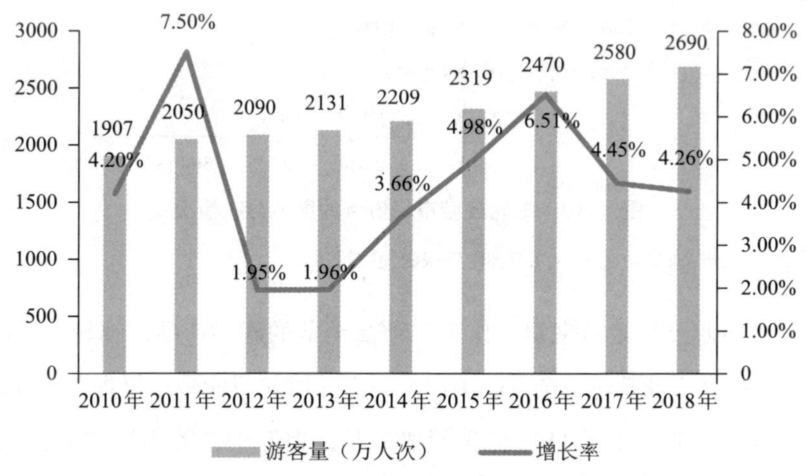

图 4–18　2010—2018 年全球邮轮旅游人次及增长率

（整理自：中国邮轮产业发展报告，及国际邮轮协会（CLIA）数据）

北美地区是邮轮旅游最发达和最具活力的市场区域，美国作为全球最大的邮轮客源地市场，旅游人次及旅游收入高居全球之首。值得关注的是，亚洲邮轮旅游近年来增长迅猛，成为全球邮轮旅游市场中发展最快的新兴市场。在2012—2016年，客源量由77.40万人次增长至227.24万人次，增长率高达193.6%，其中，中国邮轮旅游的快速发展，被看作是亚洲邮轮旅游崛起的驱动力。

从邮轮旅游目的地的区域划分来看，2017年，加勒比地区和地中海地区是邮轮旅游的热门目的地，二者占据了逾一半的旅游市场份额。其他依次为欧盟、亚洲、澳大利亚/新西兰/太平洋地区、美国阿拉斯加、南美地区，其中亚洲占到市场份额的10.9%（如图4–19）。

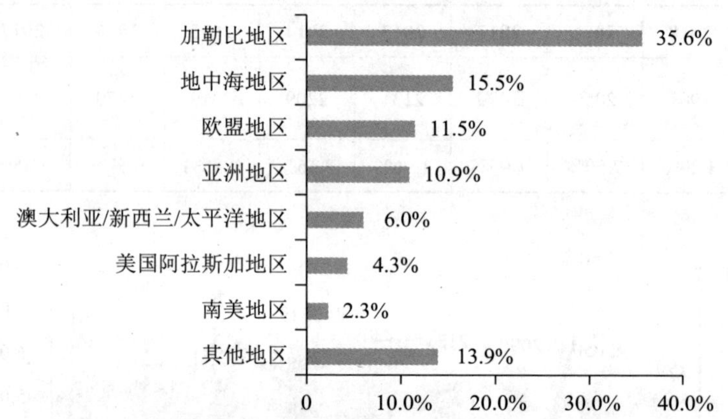

图4–19　邮轮旅游市场份额的区域分布情况

（数据来源：国际邮轮协会《2017亚洲邮轮旅游发展报告》）

从邮轮旅游经济效益来看，作为一项高消费的旅游产品，邮轮旅游的经济效益明显。根据全球邮轮协会（CLIA）《2017年邮轮行业展望报告》统计，2015年，全球邮轮行业产生了1170亿美元的效益，为近95.7万人提供了全职工作，其中美国的邮轮旅游消费渗透率高达3.5%，远高于全球平均水平的1.4%。

从邮轮生产制造业情况来看，由于在邮轮设计建造方面的技术优势和丰富经验，目前从事邮轮生产制造的船厂主要聚集于欧洲，如意大利、德国、芬兰、法国等国，截至2017年6月，欧洲的船厂占据了全球90%的市场份额[①]。

（二）国内邮轮产业的发展现状

1. 中国邮轮旅游市场发展迅猛

2006年，歌诗达邮轮公司的爱兰歌娜号第一次驶入中国海域，标志着中国邮轮旅游的开端。尽管中国邮轮旅游市场兴起较晚，但是十余年来呈现“井喷式”的增长态势。2006年至2016年的十年间，中国邮轮旅游市场每年以40%—50%的增速快速增长，根据世界旅游城市联合会《世界邮轮旅游城市概况及中国邮轮旅游发展报告》显示，至2016年，中国邮轮出入境人次达456.73万，同比增长84%，已经超越德国成为世界第二大邮轮旅游客源国；2017年，邮轮旅客出入境人次达495.5万人次，同比增长8%。2012—2017年我国邮轮旅游出入境人次及增长率见图4-20。可以看出，尽管我国邮轮旅游市场一直处于持续增长状态，但增长率波动极大，说明邮轮旅游受外部环境因素影响较大。

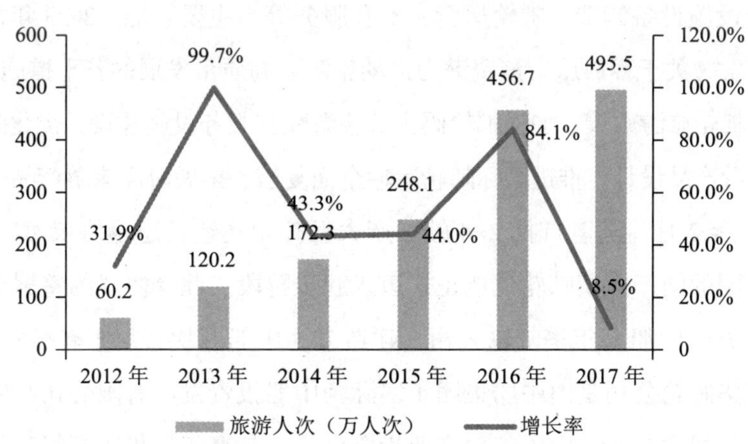

图4-20 2012—2017年全国邮轮旅游出入境人次统计

（数据来源：中国交通运输协会邮轮游艇分会）

---

① 数据来源：上海国际邮轮经济研究中心.2016—2017年中国邮轮产业［M］.中国邮轮产业发展报告（2017），北京：社会科学文献出版社，2017：14-17.

从客源市场构成来看，我国邮轮旅游客源主要以本国游客为主，境外游客邮轮出入境主要是访问港挂靠的形式，境外游客数量增长极为缓慢，甚至出现负增长。以2017年为例，我国以中国游客为主的母港出入境人次达478.1万，同比增长11%，以境外为主的访问港出入境人次仅17.4万，同比下降37%，境外游客市场仅占总市场份额的4%，游客增长率差距仍在逐年拉大。

2. 邮轮生产制造刚刚起步

随着邮轮旅游市场的快速兴盛，我国政府加大国产邮轮建造的支持力度，积极打造本土邮轮。《中国制造2025》中明确提出重点发展邮轮制造，加大对邮轮建造核心技术的掌握。2015年，《国务院办公厅关于进一步促进旅游投资和消费的若干意见》提出：推进邮轮旅游产业发展，支持建立国内大型邮轮研发、设计、建造和自主配套体系，鼓励有条件的国内造船企业研发制造大中型邮轮，优化邮轮港口布局，有序推进邮轮码头建设，支持符合条件的企业按程序设立保税仓库[①]。2016年10月，中船国际邮轮产业园在上海成立，该产业园以豪华邮轮建造与配套设施设备制造、邮轮运营、配套服务等为主要功能。2023年，国务院办公厅印发《关于释放旅游消费潜力推动旅游业高质量发展的若干措施》，明确提出完善邮轮旅游政策，加强邮轮码头等旅游配套服务设施建设，优化邮轮航线和邮轮旅游产品设计，推进国际邮轮运输全面复航，拓展海洋旅游产品[②]。

2017年2月，随着首批2+4艘国产大型邮轮建造备忘录协议（MOA）的签署，我国的国产大型邮轮建造正式迈入起步阶段。此次协议的签署双方分别是：委托方为中船嘉年华邮轮公司，建造方为中船芬坎蒂尼邮轮公司。其中，中船嘉年华邮轮公司是由中船集团（实际为中船投资发展有限公司与中国投资有限责任公司联合成立中国邮轮产业投资公司）与嘉年华集团等组建的邮轮船东公司，中船芬坎蒂尼邮轮公司是由中船集团（中船邮轮科技发展有限公司，

---

① 资料来源：《关于进一步促进旅游投资和消费的若干意见》（国办发〔2015〕62号），2015年8月11日。

② 资料来源：《关于释放旅游消费潜力推动旅游业高质量发展的若干措施》（国办发〔2023〕36号），2023年9月29日。

由上海外高桥造船有限公司联合广船国际有限公司、中国船舶及海洋工程设计研究院、上海船舶研究设计院设立）与意大利芬坎蒂尼船厂合资组建的邮轮建造公司。据报道，我国首艘国产大型邮轮“爱达·魔都号”于 2023 年 11 月正式命名交付，并于 2024 年 1 月 1 日开启商业首航。“2023 中国邮轮经济发展高峰论坛”上首次发布的“2023 年中国邮轮经济景气指数”为 101.55，较 2022 年大幅度增长，主要原因是国际邮轮复航、外资邮轮回归以及邮轮制造交付 3 个方面的强势动力释放。[①]

3. 中国邮轮港建设与发展粗具规模

为与邮轮旅游市场的发展相适应，我国愈加重视邮轮母港及邮轮配套设施的建设。2012 年以来，原国家旅游局先后批复设立了上海宝山、虹口，天津滨海新区，广东深圳蛇口，山东青岛，辽宁大连和福建福州 6 个“中国邮轮旅游发展实验区”。

目前我国已有建成或规划中的邮轮港口 23 个，其中邮轮母港 13 个；截至 2018 年，我国已建成邮轮港口 11 个，包括大连、天津、青岛、烟台、上海、舟山、厦门、深圳、广州、海口、三亚。根据中国交通运输协会邮轮游艇分会（CCYIA）数据统计，2016 年这 11 大邮轮港共接待邮轮 1010 艘次，同比增长 61%。当前，我国已建成上海吴淞口国际邮轮港、天津国际邮轮母港、广州港国际邮轮母港、深圳蛇口国际邮轮母港、青岛邮轮母港、连云港国际客运站 6 个邮轮母港，其中，上海吴淞口国际邮轮母港是全国第一个邮轮母港，拥有当前最大的邮轮泊位，一直占有全国第一的市场份额。2017 年，上海邮轮港接待邮轮 509 艘次，在全国的市场份额为 50.3%，接待游客 294.44 万人次，占全国总量的 64.4%。海南三亚凤凰岛国际邮轮港二期码头建成后，将成为亚洲最大的邮轮母港之一，届时将可以停靠包括当今世界上最大的 22.5 万吨邮轮在内的所有大型国际邮轮，年接待能力可达 200 万人次以上。

---

① 中国邮轮市场复航有序推进 本土邮轮运营能力增强［EB/OL］.［2023-12-10］. 中国新闻网，https://baijiahao.baidu.com/s?id=1784899744630011984&wfr=spider&for=pc.

4. 邮轮运营企业以外籍为主，本土企业单船经营压力大

我国积极鼓励邮轮市场发展，对外籍邮轮公司的市场准入限制较少，目前基本形成外籍邮轮公司主导中国邮轮市场的局面。当前在中国的外籍企业的邮轮数量占到运营邮轮总数的近七成，主要有：歌诗达邮轮旗下 4 艘母港邮轮，皇家加勒比邮轮旗下 5 艘，公主邮轮旗下 2 艘，地中海邮轮旗下 1 艘。

与此同时，市场的快速发展也催生了本土企业进军邮轮旅游市场（见表 4–4），如携程集团、海航集团、渤海轮渡等企业都开始布局邮轮市场，成立了天海邮轮、钻石邮轮、渤海轮渡、丽星邮轮、星梦邮轮等本土邮轮公司。但是这些公司大多单船经营，邮轮吨位偏小、品牌价值不高，且缺乏相应的运营管理经验，因此盈利能力弱，部分甚至处于亏损状态。

表 4–4　中国本土邮轮品牌相关情况统计（截至 2017 年）

本土邮轮	所属公司	船籍	经营状态	总吨位（万吨）	标准载客量（人）
海娜号	海航旅业	马耳他	退役	4.7	1965
新世纪号	天海邮轮	马耳他	在役	7.1545	1814
中华泰山号	渤海邮轮	巴拿马	在役	2.45	900
辉煌号	钻石邮轮	巴哈马	在役	2.4784	1099
南海之梦	南海邮轮	中国	在役	2.4572	893

数据来源：中国邮轮产业发展报告（2017）

三、邮轮旅游产品创新及案例借鉴

与其他类型的交通旅游产品相比较，邮轮旅游产品具有出境消费、封闭消费、高额消费等突出特征。结合邮轮旅游产业圈的重构，邮轮旅游产品主要涉及邮轮生产与运营、邮轮港口建设与运营两个方面。此处通过案例分析法，对国外成功案例进行分析，从而为我国正处于初级阶段的邮轮旅游产品开发，起到借鉴与指导作用。

（一）邮轮生产与运营

1. 国际知名邮轮案例借鉴

从全球邮轮建造的数据来看，邮轮单船的平均吨位已经由 20 世纪 80 年代的 2.6 万吨 / 艘，增长到 2010 年后的 9.66 万吨 / 艘，逐渐呈现出“大型化”的发展趋势[①]。特别是2009年，22.5万吨级的“海洋绿洲号”豪华邮轮的出现，开辟了豪华邮轮巨型化的新时代，至今世界范围内的“绿洲级”（业内对 22.5 万吨以上豪华邮轮的统称）豪华邮轮仅有 4 艘，全部隶属于皇家加勒比邮轮公司，其中最大吨位为 22.8 万吨级，于加勒比海、地中海、北美洲运营。

在邮轮体型“大型化”的同时，其内部设施更趋向于丰富化、精细化、高品质化发展，以满足游客不断提高的休闲度假品质需求，即邮轮旅游产业圈中核心圈层的内容。表 4–5 选择了当前中国、亚洲乃至世界上较为知名的三艘邮轮——海洋交响号、海洋量子号、诺唯真喜悦号，在邮轮旅游核心产业要素方面进行了对比。

表 4–5　知名邮轮的核心产业要素条件对比

指标	海洋交响号	海洋量子号	诺唯真喜悦号
定位	目前世界最大的绿洲级邮轮，“超凡新体验”	目前亚洲最大的邮轮，号称“未来的邮轮”	诺唯真旗下首艘专为中国量身定制的邮轮
运营区域	加勒比海、地中海、北美洲	中国、日本	中国、日本
总吨位数（万吨）	22.8	16.8	16.8
载客量（人）	5518	4180	4930
舱房数量（间）	2759	2094	1925

① 数据来源：叶欣梁，等.“绿洲级”豪华邮轮设计特点与建造启示［J］. 中国邮轮产业发展报告，2018：178–196.

续表

指标	海洋交响号	海洋量子号	诺唯真喜悦号
住宿设施	完美家庭套房极尽奢华，内部设置滑梯、秋千、桌上冰球和乒乓球台、单独游戏区域、乐高墙，此外还有皇家套房、中央公园景观房、阳台房和内舱房（虚拟阳台房）	分为套房、阳台房、海景房和内舱房	24% 的套房（Heaven 套房、玺悦套房、迷你套房），53% 的阳台房，以及海景房和内舱房
餐饮美食	22 家各具特色餐厅，拥有海鲜餐厅、墨西哥餐厅、美式、日式、意大利式餐厅，以及“仙境坊”主题餐厅等	19 个餐厅，涵盖中式、美式、日式、意大利餐厅，甚至日、泰、越、韩等“泛亚菜式”，以及牛排烧烤、比萨屋、热狗屋等	28 种餐饮，倡导“自由闲逸式”用餐理念。包括中餐、西餐、法式餐厅、日本料理、意大利餐厅、中式火锅、牛排馆、西式甜品等
购物设施	中央公园、皇家大道分布有各种奢侈品店，还有全新商店糖果滩	集中于皇家大道，每天有特卖会	900 平方米购物空间，包括免税店、高端精品店
休闲设施	漂浮的酒吧、精致酒廊、日光浴场酒馆、美容院、水疗和健身中心、中央公园、游戏房，儿童的学校、幼儿园、夏令营，青少年活动中心，可弹奏的楼梯等	机器人酒吧、英式酒吧、星空酒吧等十个酒吧，水疗中心、艺廊、图书馆、咖啡吧、电子游艺、海上历奇（针对 6 个月—17 岁不同年龄段的青少年活动中心）	茶室、酒吧、星巴克咖啡厅、酒窖、雪茄屋、卡拉 OK、棋牌室 & 图书室、欢乐儿童天地、静心公园亲子活动 & 夜晚荧光 Party、水上乐园（极速水滑道、儿童水上乐园）
运动设施	23 个泳池、全尺寸篮球场、迷你高尔夫推杆场、两面攀岩墙、健身房，以及模拟冲浪、真冰溜冰场、戏水湾等	室内外泳池、甲板模拟冲浪、儿童水滑道、多功能运动馆、海上攀岩、轮滑馆、全尺寸室内篮球场、飞行杂技学园、乒乓球馆、健身中心、慢跑道	泳池、露天温水池（热浪俱乐部、水分子天地）、健走通道、乒乓球台、健身房、迷你高尔夫、星际探索中心（赛车、碰碰车、VR 体验、7D 射击等）
娱乐项目	三个表演场所：皇家剧院、海上滑冰表演 Studio B、水剧场，百达汇欢乐城，十米跳台室外表演区	皇家剧院（百老汇音乐剧）、星空电影	喜悦剧院演出、凤凰歌舞俱乐部、多种派对

续表

指标	海洋交响号	海洋量子号	诺唯真喜悦号
特色项目	潜艇主题的密室逃脱，激光游戏场，45 米高的绝顶深渊滑道，水上飞行秀、跨越九层甲板的高空滑索、完美风暴高速水滑道	北极星体验——海拔 90 多米高空的 360 度俯瞰观景；甲板跳伞、270 度震撼观景厅、海上碰碰车	赌场（进入公海后开放）、双层卡丁车赛车道、海上 VR 虚拟现实游戏

资料来源：皇家加勒比国际游轮公司官网，https：//www.rcclchina.com.cn；
诺唯真喜悦号官网，http：//www.goncl.cn/。

2. 对我国邮轮发展的启示

通过对比世界顶级邮轮一般具备的特色项目与设施，运用旅游产品策划与设计的理念与方法，灵活掌握并综合运用产业融合的资源、市场、技术融合路径，指导邮轮的生产制造和运营，并做到如下三个方面。

（1）注重旅游休闲要素品质的提升，意在营造彻底放松、闲逸的生活方式，提供极致、奢华，乃至梦幻般的旅游休闲体验

①尽管客房类型相似（一般包括套房、阳台房、内舱房），但客房空间结构与内部软硬件应根据规模与档次进行相应的设置，力求为游客提供精致、舒适的住宿体验；

②美食是游客的最直接而且重要的旅游感受之一，应设置多类型、多菜系、多主题、互动式的餐饮空间；

③多样的主题与变幻场景的娱乐表演，可借鉴环球影城的打造手法，通过主题场景再现、炫目的特技表演，以及世界顶级的表演阵容，为游客带来奢华的视听感受；

④休闲产品类型琳琅满目，不仅有茶吧、水吧、酒吧、咖啡吧，还要有高端的雪茄吧、酒窖等，丰富而注重品牌的项目的引入能极大地充实游客船上时光。

（2）注重与邮轮旅游市场需求相契合的旅游产品设计，如康体、美容、亲子旅游产品等

①满足游客的运动健身需求，设置别具特色的海上运动项目（如模拟冲浪、水上滑道）、奢华健身房、水疗会所以及健康管理项目，开展美容课程、健身课程、养生理疗课程等；

②基于家庭旅游是邮轮旅游的主要市场构成的特点，为满足家庭旅游需求，设置更多样的青少年活动、儿童游戏项目、卡通主题舱房等，并与研学旅行相结合，开展寓教于游的主题活动；

③可面向市场开展更有针对性的主题旅程，如音乐主题之旅、艺术品鉴之旅等，游客可以通过邮轮上的系列活动与演出，了解与主题相关的知识。

（3）注重景观环境氛围的营造与现代科技的运用，设计特色旅游项目，提供刺激、科幻、神奇的旅游体验

①邮轮本身即旅游休闲度假的“目的地”，是餐饮、购物、住宿、娱乐的集合体，因此邮轮的景观设计应做到精致而独特，如“海洋交响号”的中央公园，对于邮轮景观的设置、植物配置，以及外界海洋环境的利用，应处处体现“造园”手法，此外，对客源地的文化符号的利用应加以重视，可以提高游客的亲切感和满意度；

②现代科技除了应用于硬件设施中，提高便捷性外，高科技感的娱乐项目、服务项目的设计，进一步增强了游客的互动体验，如皇家加勒比邮轮公司的“机器人酒吧”，诺唯真公司“海上 VR 虚拟体验”等，未来发展中，在景观营造、娱乐项目的设计、儿童游乐活动、艺术品展等方面，均可融入未来科技，形成更加震撼的体验效果。

（二）邮轮港口建设与运营

1. 国际著名邮轮港口案例借鉴

邮轮港口是邮轮旅游支撑圈的产业要素载体，联系了整个邮轮产业的上、

中、下游产业。目前我国邮轮港口仍以邮轮停泊为主，对于港口建设、功能布局、盈利点开发、航线联系和区域协作等方面，缺少国际经验借鉴。表4–6列举了邮轮港口建设与运营的重要方面，并筛选与之相对应的国际著名邮轮港口的先进经验进行了分析总结，从而为推动我国邮轮产业的快速发展提供参考与借鉴。

表4–6　国际著名邮轮港口及经验借鉴

重点内容	借鉴港口	可供借鉴做法
游客管理与服务系统	迈阿密邮轮母港	被称为“世界邮轮之都”的迈阿密拥有世界上最先进的管理设施系统，能够同时为8400名游客办理登轮服务。设置舒适的休息大厅、全封闭的上船通道、完善的订票与查验系统、行李操作系统、先进的信息化服务，车库能够容纳733辆汽车，为游客提供近乎完美的服务
在地自然与文化体验	迪拜邮轮母港	邮轮码头的独特建筑造型，作为迪拜的“地标式”建筑，成为游客必拍景观之一。码头步行街上遍布餐厅和酒吧，并可欣赏绚丽夜景。码头周围有很多高大的建筑，彰显了迪拜传统又现代的人文气息
多功能设施	迈阿密邮轮母港	购物与主题活动是迈阿密邮轮母港的特色，而不再仅仅依靠邮轮到港旅游。迈阿密打造了购物一条街、以奢华品牌店闻名的巴伯港商店街和梅里克公园村，以及遍布各式精品商店的林肯路和珊瑚阁区的“奇迹一英里”，各种销售活动打破了旅游淡季的局限。港口还策划有各种主题活动，甚至做到每周都有主题活动，不少已经成为闻名世界的盛宴
	巴塞罗那邮轮母港	是欧洲顶级邮轮港口，在邮轮中心后方设置有大型购物中心，在邮轮码头附近建立了亲水休闲、旅游观光、邮轮总部大楼等设施
产业链组团	新加坡滨海湾邮轮港	一方面，打造以滨海湾为中心的邮轮综合商务中心。港口位于新加坡滨海湾CBD中心，周围聚焦了商业、服务、娱乐、休闲及办公商务区，形成了邮轮母港产业链组团发展空间，同时，临近物流港，便于邮轮船供业发展。另一方面，考虑未来发展需求，留有大片尚未开发土地，便于邮轮母港产业链延伸发展
邮轮码头运营	新加坡（新加坡邮轮中心和滨海湾邮轮中心）	被世界邮轮组织誉为“全球最有效率的邮轮码头经营者”。建设投资方与实际运营方相互分离。目前新加坡的两个邮轮母港都是委托专业码头运营企业来经营，不仅提高了运营效率，也分担了邮轮母港的运营风险，这也是新加坡邮轮产业迅速发展的一个重要因素

2. 对我国邮轮港口建设与运营的启示

（1）便捷、细致的服务是根本宗旨

①邮轮停靠、补给与游客集散是邮轮港口的基础功能。首先要有便捷的游客候船和联检系统，以及方便的登轮、订票、查验、行李操作系统，设施贴近人流与物流的个性化需要。

②实现与其他交通方式的无缝联系。应充分考虑客流量与用车需求，设置私家车停车场、公共交通设施（地铁、巴士、旅游专线、出租车、网约车），以及租车公司等，形成“公交＋轨道”站点的驳接车交通体系。

③增加智能化的服务、安全管理系统。

（2）复合型功能的设置

根据国际邮轮协会的研究表明，游客在停靠港的平均消费，包含游览费用在内，可达到 123.58 美元，在邮轮母港的过夜游客平均消费更是高达 256 美元，即使白天到达的游客，用于停车、交通、购买食品和饮料的消费也达到 31.34 美元。增加邮轮港口的复合型功能，将极大提高港口的综合收益。

①完善邮轮旅游产业，以邮轮港口为中心形成邮轮停靠、维护、供给的一站式服务，完善邮轮公司总部、旅行社和金融服务机构等配套产业，以及游客在岸上的餐饮、购物、休闲等旅游配套设施，整体打造成为服务功能完善、高端业态聚集、商贸服务业发达的邮轮旅游综合目的地，实现由“邮轮港”到“邮轮城”的转型发展；

②根据邮轮旅游者的消费特征与市场需求，提升服务水平，完善服务功能，增加会议室、展览、节事等多功能设施；

③可借鉴巴塞罗那邮轮港口的多类型码头互补运营方式，作为综合接待区的码头服务功能齐备，而其他码头区具备基本服务功能。

（3）与岸上旅游产品的联动

与其他交通旅游产品相比较，邮轮旅游与旅游地的旅游互动性普遍较低，从我国目前的邮轮行程来看，游客的绝大部分时间是在邮轮上度过，一般仅在旅游地停留数小时用于免税店购物。实际上，邮轮港口的区域带动效应极为显著，而邮轮旅游的岸上游程的设计，也是游客所关注的一项重要内容。因此，无论从区域发展的角度，还是游客出行选择的角度，都应加强邮轮与港口所在地的旅游业、服务业的联系，整合当地优秀的自然与人文资源，联动服务设施资源，发挥邮轮港口的客流量优势，由邮轮公司与港口所在地形成旅游线路与产品上的合作，探索品牌提升与效益共赢之路，在丰富邮轮旅游产品的同时，促进地区的旅游、商业及服务集群发展。

四、中国邮轮旅游产品发展的对策建议

近几年，我国邮轮旅游市场增长迅速，港口投资建设掀起热潮，但仍存在邮轮旅游的渗透率远低于世界平均水平，邮轮旅游对区域经济的拉动作用并未有效发挥，旅游市场主要以出境游为主，外籍邮轮企业占据主导地位等现状与问题。本书深入研究出现这些表象的根本原因，并针对我国邮轮旅游发展中存在的核心问题，提出如下对策与建议。

（一）建立健全法律法规体系，促进邮轮旅游发展

1. 完善邮轮法律法规体系

当前我国邮轮旅游法律法规体系处于缺失状态，使用的基本是其他近似的法律法规，如邮轮航线的规划仍属于旅客运输的范畴，航线开通公海游受到公安部规章制度的限制，航线开通近海航线面临海商法旅客国际运输与沿线运输的市场准入的法律障碍等。国家层面应加快制定邮轮旅游的法律法规体系，在满足国家相关法律条文和国际惯例的前提下，结合邮轮旅游特性，在旅客运输、安全管理、船票代销、网络销售、旅游保险、邮轮组团等方面形成法定规范。

2. 制定鼓励相关本土企业的发展政策

我国一直以来倡导鼓励本土邮轮生产制造，鼓励国内邮轮公司发展，但从政策层面来看，仍缺乏明确的举措与可实施方案，还处于市场推动邮轮产业发展的局面。建议国家出台政策措施，减少对邮轮船舶购置、税费、邮轮航线与经营项目、船员配置等不同领域的政策限制，支持本土邮轮公司的组建和发展，通过立法明确邮轮旅游产业链上各企业的权利与义务，推动企业间的依法、有序合作运营。

3. 促进通关与签证制度便利化

当前我国对于邮轮旅游出入境的通关检查，主要参照一般的旅客出入境的通关政策进行管理，造成邮轮出入口岸不便，对邮轮入境游形成极大限制。尽管我国在通关政策方面已经进行了一些尝试，但与国际邮轮旅游成熟地区比较，仍有极大的突破空间。如在上海、海南自贸区实行了外国旅游团通过邮轮入境 15 天免签政策，但活动范围限定在沿海省份和北京市；上海的邮轮旅游 144 小时过境免签也规定入境的外籍游客必须是第三国才准予享受相关的过境免签政策，客观上给相当一部分游客在航程安排上造成不便。

在国家大力推进服务贸易自由化、推进邮轮旅游发展的时代背景中，改革邮轮旅游签证制度，扩大签证制度开放性，对于提振邮轮入境游具有重要意义。在短期，外交部门有必要在已经开展与相关国家签订互免团体旅游签证的基础上，首先与日本、韩国等邻近国家升级到签订互免散客旅游签证协议；从长期考虑，对邮轮入境游应该有更加长远的视角，除了研究邻近国家的旅游客源需求外，还应该研究主要邮轮客源地国家的客源需求，综合考虑制定互免旅游签证、单方面免签或者给予落地签待遇的行动计划，不断刺激和增加双向邮轮旅游流量。

（二）健全邮轮旅游市场机制，完善市场监管体系

我国邮轮旅游市场机制不健全的一个表现在于游客的市场组织问题。目前

国际上传统的邮轮旅游市场组织方法是邮轮公司直接面向游客，采取"一对一"的服务模式，旅游目的地选择、船票预订、费用收取以及购买后的交通衔接、酒店预订、登船服务、岸上观光等板块，均可由游客自主选择，形成组合式的邮轮旅游产品。当前中国的邮轮旅游还未进入自助旅游时代，基本是团队市场，市场分销以批发为主要形式，低价（中低价）团压缩了邮轮公司的盈利空间，使得旅游品质大打折扣。应通过健全邮轮旅游市场的监管体系，杜绝某些既无销售资质，也无相关授权的旅行社通过不正规操作进行船票预售，尤其要严厉查处"黄牛票"现象。建立邮轮公司直销机制，实现游客与邮轮公司的直接沟通，从而改善多重分销导致的旅游信息真实性差的问题，提高邮轮旅游满意度和复购率。

邮轮旅游市场机制不健全的另一个表现在于邮轮的集中停靠问题。在港口邮轮停靠和岸上旅游成为我国目前邮轮主业态的情况下，各地港口为了吸引少数邮轮，竞相开发母港业务或访问停靠业务，形成邮轮港口的投资建设热潮。但是大多数邮轮仅停靠于上海、广州、天津、深圳、青岛等几个城市，很多邮轮港口每年只有几艘邮轮停靠，使得大多数邮轮母港处于"入不敷出"的境地。应借鉴国际先进管理与运营经验，推进多港挂靠机制，健全市场调控机制，增加游客到访与停留消费，以支撑邮轮港口的发展，同时可更好地发挥邮轮旅游对地区经济的拉动作用。

（三）推动多种营销策略结合，培育引导市场认知

目前我国的邮轮旅游市场还不够成熟，尽管有诸如凯撒旅游旗下"凯撒邮轮"推出的环游世界、极地旅游等高端、定制式旅游产品，但此部分市场份额与市场接受程度极为有限，现有市场基本充斥着大量的中低价位、近程、团队旅游产品。邮轮旅游作为一个新兴产品，仍被游客作为出境旅游的一种特色交通工具或旅游体验内容，而未作为一种生活方式，邮轮自身的休闲度假"目的地"性还未被旅游者认知与接受。目前市场上占主流的仍然是中（低）价旅行

团，这也导致邮轮旅游的客单价不高，从而形成旅游产品品质不高、服务质量下降、游客满意度低的“恶性循环”。邮轮市场的扩大，需要不断普及和推广邮轮旅游方式，政府、企业合力培育和引导市场认知。一方面，以政府为主导，在城市形象与旅游宣传中，增加对邮轮旅游的推广宣传，联动区域内多家旅游景区及邮轮港口，共同举办邮轮旅游文化节，推广邮轮文化，宣扬邮轮休闲度假理念，使邮轮旅游方式深入人心；另一方面，旅行社、邮轮公司等主体企业提高市场营销能力，发挥产品与线路资源，不断推广高品质的邮轮旅游产品和线路，着力提升服务质量，尽可能减少低价团的“恶性循环”，借助传统媒体与新媒体、自媒体等渠道，进行产品宣传。

（四）提升邮轮旅游产品质量，提高消费渗透率

尽管近年来中国邮轮旅游市场增长迅猛，但从旅游市场总量来看，消费渗透率仍然较低，与世界平均水平的1.4%相比较，我国的邮轮旅游消费渗透率仅为0.05%，与美国的3.5%更是相差甚远。随着经济的快速发展，人们对物质生活和文化生活的要求越来越高，品质化和中高端化将成为新时代旅游消费的突出特征。游客对提高邮轮旅游品质的需求日益增长，而现有的邮轮旅游产品、服务水平与市场需求之间的矛盾也越发突出，由此产生了“质”与“量”之间不匹配的问题。在关注旅游人数激增的同时，优化旅游产品质量，增加人均消费水平，对于推动邮轮旅游优质发展，提高消费渗透率具有现实意义。

在邮轮旅游发展中，应以旅游需求引领产品供给，构建与出境游消费水准相对应的高质量的邮轮旅游产品和服务体系，促进邮轮旅游的“质”与“量”匹配发展，提高邮轮旅游消费渗透率。其一，开发具有不同主题特色与不同周期的邮轮线路，尤其注重开发具有中国文化特色的主题邮轮班次；其二，强化邮轮及邮轮港口的旅游产品深度体验，创新、提升舱房环境、岸上行程、文化演艺、休闲娱乐、运动活动等关键环节；其三，提高邮轮旅游服务水平，增加邮轮人才培养，满足游客的高端化需求；其四，现有的免税店购物的单一、紧

张行程，已经不能满足游客的需要，应注重提升岸上旅游的体验和品质，特别是开发餐饮、娱乐、文化体验等方面的深度游，以丰富岸上行程的个性化需求。

第三节　铁路旅游产品提升发展研究

技术的变革必将带来产品的迭代，在我国铁路交通快速发展的时代背景下，每一次中国铁路大提速，都会淘汰一批普速列车（绿皮火车），而随着高速铁路的发展，越来越多的普速列车与已经停止使用的蒸汽机车、区间运输列车一起成为“铁路遗产”。如何利用这些将被淘汰的铁路轨道、慢速列车，记录中国铁路变迁历史，发挥慢车的游览休闲功能，增加体验型铁路旅游产品，将是中国“后高铁时代”的一项重要研究内容，对于处在世界高铁领先地位的我国而言，具有现实性与创新性的意义。

一、铁路旅游产业重构

（一）铁路旅游产业重构手段

通过铁路交通与旅游要素的相互融合，使铁路兼具交通运输与旅游观光、休闲双重功能，形成“铁路功能复合化”的铁路旅游产品。对于以列车作为特色观光、休闲、体验设施的特色铁路旅游产品而言，列车本身也是一种旅游吸引物，是旅游产业的载体，旅游列车常被称作“陆上游轮”，从产业的角度来看，旅游列车更像是“行驶在铁路线上的旅游综合体”。通过火车与旅游地的一体化开发，使得铁路旅游兼具“交通＋旅游”复合功能，实现铁路与旅游产业融合。

1. 资源融合

火车及车站本身应具备相对完整的旅游要素体系，体现独特的文化主题环境。火车沿途景观所呈现的或壮美、或秀丽、或梦幻的景观，成为旅途中的自然资源、流动的景观。火车内外资源的完美融合，形成其他交通方式难以达到的旅游体验。

2. 市场融合

在市场需求方面，融合了游客对于观光与休闲的旅游需求，尤其是对优质旅游发展的需求，而不再仅仅是满足交通运输的需求。在与旅游地的市场营销对接方面，火车作为前往旅游地的交通工具，可以起到推广和宣传旅游地、树立旅游地形象的作用，从而扩大潜在旅游市场。

3. 技术融合

体现在火车线路的选址、火车的车体设计、休闲活动的设计与服务水平等方面，以满足游客需求为宗旨，在火车建造的原有技术基础上，综合融入旅游元素与旅游化打造手法，提高游客的满意度。

4. 政策支持

由于铁路运输的特殊性，旅游专列等火车旅游产品归国家铁路局及下属的 8 个地区铁路监督管理局统一调配和管理，由相应的铁路旅行社进行推广和运营。我国从 2000 年后便开始关注和促进旅游专列的开通，下发了《旅游列车开行管理办法》，规范了旅游列车的开行计划、申报程序、设备条件、旅客管理以及行驶技术等方面的要求。近些年，很多省市政府或旅游主管部门（如新疆维吾尔自治区、宁夏回族自治区、福建南平市、云南文山州、新疆哈密市等）都在促进旅游产业发展扶持政策中，专门制定了对旅游专列开通的奖励支持措施。

（二）铁路功能复合型产业圈层结构

特色铁路旅游产业通过资源融合、市场融合、技术融合与政策支持四个层面的价值融合后，形成以列车为核心，列车、旅游地共同承载的特种铁路旅游产业模式。理想的结构是由铁路串联的双核心产业集聚模式：一方面，列车及站点本身作为独立的旅游吸引物，应具备完整的旅游要素体系，包括游客集散、医疗、信息服务，以及餐饮、住宿、娱乐、购物、观光，甚至包括研学、康养、情感旅游等新旅游要素，从而形成“列车 + 旅游”的完整产业体系；另一方面，铁路旅游的核心吸引力还脱离不开旅游目的地，具备完整产业结构的旅游地是旅行体验的另一个重要内容。由此，列车、旅游地共同构成铁路旅游的核心产业。为保障和实现交通与旅游的复合功能，还应与列车建造及运营、旅游运营相关的产业链上游的策划、规划、设计、维护、信息服务，下游的票务、营销、金融、保险、运营、教育、商贸等构成其配套产业。铁路功能复合型产业圈层结构如图 4–21 所示。

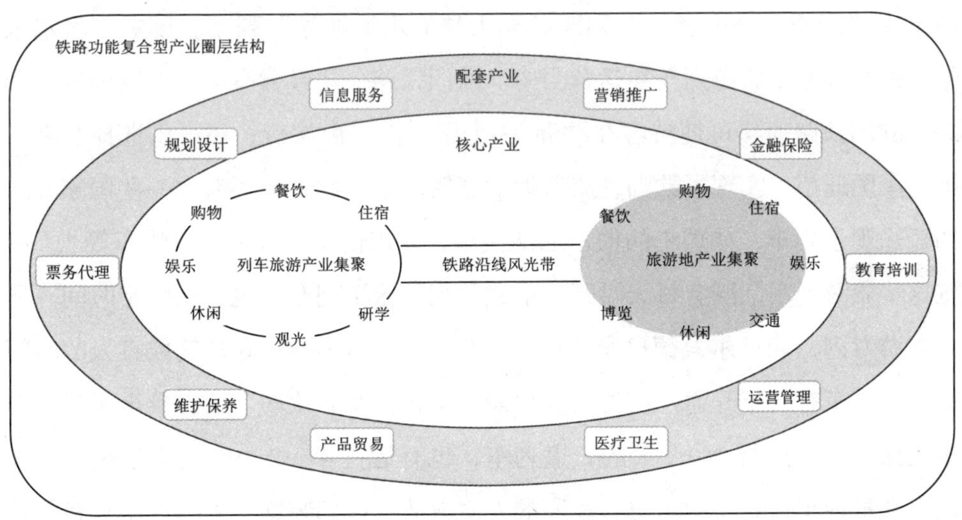

图 4–21 铁路功能复合型产业圈层结构

二、国内外铁路旅游发展现状

（一）国外铁路旅游发展现状

铁路旅游起源于欧洲，至今已有一百多年的历史，如大名鼎鼎的“东方快车”，因为英国作家阿加莎的著名侦探小说《东方快车谋杀案》而成为人们耳熟能详的旅游列车。事实上，从法国巴黎开往罗马尼亚朱尔朱的“欧洲东方快车”也是世界上第一列旅游专列，运营于1883年。欧洲东方快车兼具观景效果与舒适性，以豪华的车厢、奢华的配套设施、精致的服务和流动的景观而著称，属于高端列车旅行方式。“东方快车”于2009年停运，目前欧洲有“威尼斯·辛普伦东方快车”、俄罗斯“金鹰列车”、“贝尔蒙德皇家苏格兰人列车”、加拿大“落基山登山者号”列车、瑞士“伯尔尼纳号”列车、挪威“卑尔根号”列车等豪华旅游列车在运营当中。欧洲铁路公司经营有丰富的欧洲铁路产品，欧洲铁路通票可使游客在欧洲33个国家内自由旅行，还可供选择在某一国的单国通票，实现了欧洲各旅游地的紧密联系；此外，还有在一些国家开通的短途观景列车，如瑞士的伯尔尼纳快车、冰川快车、金色山口快车等[①]。纵览这些旅游列车，既有每天对开一列或数列的旅游列车，也有在固定时间开通的旅游专列，如贝尔蒙德皇家苏格兰人列车，于每年4—6月气候宜人的时间运行，甚至有一年开通一次的“威尼斯·辛普伦东方快车”的巴黎至伊斯坦布尔线路；既有运行3—7天的长途列车，也有运行4—7小时的短途快车，如瑞士观景列车；列车的历史、车厢的人文典故、内部装饰、配套设施等各具特色，列车沿途景观变化多样，火车旅游产品堪称经典。

美国国家铁路客运公司（Amtrak，简称“美铁”），是北美地区最大的火车运营集团，在全美国和加拿大部分地区运营有40多条火车线路，可通往美

① 欧洲铁路公司官方网站：https：//www.raileurope.cn/.

国46个州和加拿大3个省份的500多个目的地。最受市场欢迎的有连通美国西海岸各大城市的“海岸星光号”旅游列车，2017年接待游客超过45.5万人次，以及贯穿美国中西部地区的“加州微风号”旅游列车。此外还有美国南部的“新月号”列车、纽约和加拿大多伦多之间的“枫叶号”、穿行在大峡谷国家公园间的“西南酋长号”等。每个列车都有与途经地区的历史和风土人情相关的独特名称，内部设施虽然没有欧洲旅游列车豪华，但是根据乘客的需求设置的行李车厢、餐车、观景车厢，以及沿途景观与旅行时间的安排等方面较为人性化，是大众出游的一种重要游览方式。

非洲、亚洲的旅游列车虽然起步较晚，但不乏典范产品，主打“豪华风”。非洲的“非洲之傲列车”创办于1986年，内部设施与服务极尽品质与奢华，成为最豪华旅游列车的代表，拥有遍布南非及非洲南部地区的十多条经典线路。亚洲的“东方快车”开通于1993年，行驶在泰国与新加坡之间，列车设备和服务完全参照五星级酒店标准，是亚洲的顶级列车。日本的旅游列车以“九州七星号”快车为代表，将尖端技术的应用、细节的匠心打造、文化的展现与地方特色的体验与列车结合得淋漓尽致。

（二）国内铁路旅游发展现状

我国首条旅游专列是“乌鲁木齐—兰州—西安”的丝绸之路旅游专列，开行于1985年10月1日，当时以外事接待为主要目的，以英国等欧洲外宾为主要客源[①]。随着社会经济的发展与国内旅游需求的增长，铁路旅游自2000后一直被国家铁路部门与旅游业界所关注，2005年3月广铁（集团）公司开通的“广州—坪石”的大瑶山号旅游专列，是我国首条为国内游客打造的旅游专列。尽管至今我国已开通多趟以“Y”作为编号开头的旅游列车，但是这些旅游列车作为旅游客源地与目的地之间的交通联系，仅具有交通的功能，无论在线路

① 铁路企业管理论坛丛书编委会.2006铁路客运与旅游［M］.北京：中国铁道出版社，2006.

选择、时间安排还是内部设施上，与旅游的深度联结较少。

我国目前最高等级的豪华旅游列车应属“新东方快车号”旅游专列，该列车由乌鲁木齐铁路局依照四星级酒店标准建造，专列编组由两辆新东方载客车体、一辆新东方餐车高端车体及7辆国列中端车体编组而成，车身涂有“UR”标记。“新东方快车号”于1999年正式运营，以南北疆环游专线为主要线路，当时仅接待外宾和外籍华人，自2017年列车开始面向国内游客首次开放，开通了“冰雪奇缘”主题线路。2018年6月“新东方快车号”开通了6条联系新疆、西藏、甘肃、宁夏、青海、内蒙古与北京、西安的旅游线路，旅行时间9—14天不等，涵盖了丝绸之路、大漠草原、神秘西藏等西部风情。2018年11月至2019年3月，乌鲁木齐铁道国际旅行社选用“新东方快车号”车体，开通了5条“坐着火车游新疆”冬季周末休闲游线路。

为迎合旅游市场对于火车旅游的休闲需求，除了“新东方快车”这样的豪华专列外，近几年中国铁路总公司及各铁路局集团公司，纷纷推出各具特色的主题旅游线路，如“环西部火车游”“华夏东极游”“大美龙江”“大漠马拉松”等系列精品旅游线路，“京和号”旅游专列、“丝路快车”、“南方快车”、“熊猫专列”等火车旅游品牌正逐步形成。2023年，随着国内旅游市场的全面复苏向好，旅客出行意愿高涨，各地积极开展旅游专列开行方案，打造高质量的铁路旅游产品。

三、旅游专列产品高质量发展对策研究

旅游专列在欧美被称作“陆上的游轮”，当前世界上很多国家的旅游专列产品以高贵、奢华而著称，是一种高端休闲产品。我国目前仅有“新东方快车号”可以被列为真正意义上的旅游专列，其他的旅游专列产品，仍然是以列车作为交通工具的线路产品。

（一）我国旅游专列现状与问题分析

此处采用深度访谈法，通过与中国铁道旅行社张先生、成都铁路旅行社唐先生以及参加过“京和号”旅游专列出游的北京市民杨阿姨的深度访谈，对当前市场评价较高的中国铁道旅行社的“京和号”和成都铁路旅行社的“熊猫专列”进行了调查研究，在一定程度上较为深入地揭示了我国现阶段的旅游专列发展现状与问题。以下为深访的现状与问题情况。

1. 车厢基本条件——车厢设备简陋，舒适度欠缺

“京和号”是我国目前行驶中车厢条件较好的旅游专列，全部为软卧新车厢；“熊猫专列”在 2017 年正式首发时定位为奢华享受型软卧旅游专列，但因为市场接受度的关系，后期设置了大量的硬卧车厢，软卧与硬卧的占比为 1 ∶ 2，中间有 800 元价差。据了解，目前市场上的旅游专列，基本为临时调度车厢，很多是老旧车厢或者绿皮车改装的空调车，还有少量的非空调车。

2. 旅游线路安排——结合资源特色设置主题旅游线路

“京和号”为北京市政府与和田市政府共同推出的援疆项目，由北京出发，经吐鲁番、喀什、和田、哈密、敦煌、张掖，返回北京，整个游程为 16 天。由 2015 年开始，每年的 7、8、9 月份各开出一趟。

与“京和号”有所不同，“熊猫专列”是由成都铁路局发出的西南首趟旅游专列，每个月推出去往不同地区的线路，如江南五省线路、西北大环线、东北阿尔山线路等，每次行程时间 10—12 天。

3. 客源情况——受市场热捧，但以银发市场为主

由于旅游专列的行程时间较长，一般在 10 天以上，在工作日以银发市场为主，被各旅行社称为“夕阳红”线路，暑期则有家庭出游市场。旅行社对团队安排的操作较为人性化和灵活，如可将带有同年龄段孩子的家庭，或将共同出游的老人安排在同一包厢或相邻包厢。

无论是“京和号”还是“熊猫专列”，都受到市场的欢迎，如“京和号”提前三个月开始接受预订，每趟车定额432人，一般在确定正式向市场推出一周后就会报名截止。“熊猫专列”及其他的旅游专列，铁路局会根据收客情况调度车厢，一般安排14—16节车厢。

4. 休闲娱乐活动——缺乏娱乐活动，对长途旅客略显乏味

列车上的娱乐活动一般仅为景点的讲解，有少量针对“夕阳红”游客的娱乐内容，如“熊猫专列”针对成都游客的爱好在娱乐车厢安排有麻将比赛，总的来说列车上基本没有娱乐活动。

据介绍，国内有一些旅游专列在丰富娱乐活动方面做出尝试，如兰州局集团公司的“环西部火车游”线路上，设置了酒吧、超市，还将非物质文化遗产的现场制作进行展示，将娱乐、购物有机结合。

5. 配套服务——具有基本的出行服务，特色与针对性不足

列车配备有餐车和娱乐车厢，有专业导游领队，每个团队30—40人，列车安排有专职保健医生全程跟随，有列车乘警保障人与行李的安全。由于车上缺少淋浴等配套设施，而且考虑到长时间卧铺住宿不舒适的问题，会有近一半的时间安排游客于旅游地酒店住宿。

6. 现存问题——技术条件、设施条件、价格问题、运营问题、市场秩序问题等诸多方面有待解决

对于“您认为制约我国旅游专列发展的限制条件”以及“您认为在行程中的不满意之处”这个问题上，旅行社和游客则各有“苦衷”。

从旅行社的角度而言，制约我国旅游专列发展的限制条件可以归纳为三点：其一，旅游专列是一种技术含量高、涉及各方面协调统筹的复杂旅游产品，旅游专列需要经过铁路集团公司统一调度，一趟旅游专列能否开通，要综合考虑图定车（铁路运行图上有的车）的运行时间，火车站点能否停靠和补给，以及在一地停留时间不能超过48小时等各方面的问题；其二，由于体制关系，铁路旅行社与市场联系不如企业旅行社密切，一般充当批发商的角色，

将线路承包给其他旅行社或旅游俱乐部，对线路设置与主题的把握，还有待提升；其三，市场消费情况也是限制旅游专列发展的因素，旅游专列的报价普遍低于其他出行方式，不得不安排旅游购物来补充旅游收入，而由于现有游客大多为老年人，旅游消费较低，旅游专列的收入处于尴尬境地。随着市场需求的增长和专列出行次数的增多，旅行社已经越来越意识到增加主题线路、提高软硬件设施的重要性。

游客对出行过程中的不满意之处主要在于：其一，由于旅游专列为临时列车，行驶速度慢，需要为其他正班列车停车避让，导致到达时间不准确，影响了下一步的行程与出行体验，是游客最为不满的一大弊端；其二，很多中低端的旅游专列有购物安排，或报价不透明，餐饮、景点等自费项目说明混乱，类似“京和号”这种景点门票以优惠价格提前告知，全程无购物的旅游专列，是游客理想中的出游形式（注：作为援疆项目，“京和号”由政府补贴1000元/人）；其三，行程安排较为紧张，一些经典景点停留时间较短，只能“走马观花”，基本停留在观光旅游阶段；其四，某些专列在旅游地的住宿为经济型酒店，住宿条件差，加之在车上的时间较长，对于老年人的体力而言，仍然会有不适之处。

（二）推动旅游专列高质量发展的对策建议

我国旅游资源丰富，不同空间结构的自然人文各具特色，尤其是西部地区如内蒙古、青海、甘肃、宁夏、云南、贵州、四川、新疆、西藏等地，地广人稀，景色壮美，尤其适合开通旅游专列，既丰富旅游行程，又带动区域旅游经济发展，为游客带来新的旅游方式的变革式体验。基于铁路旅游产业模式以及现有发展问题进行分析，旅游专列产品在发展中应注重以下方面。

1. 列车本身是核心旅游吸引物与休闲载体，应加强旅游功能的设计研发

旅游专列作为一种独立的旅游吸引物，用“行驶在轨道上的旅游综合体”来形容并不为过，无论是在设计研发还是改装制造过程中，都应考虑完整的旅

游综合体要素。

首先，旅游综合体需要有核心吸引物。对于旅游专列而言，舒适、精致的休闲娱乐设施应是其吸引力所在，也是满足游客对旅游的高质量发展的需求。在休闲活动的设计上，融入旅游主题相关的文化元素，采用游憩方式设计充分结合途经的旅游地的特点，可设置不同档次的餐饮、不同主题的住宿车厢、旅游纪念品展示与购物店、优雅格调的酒吧、艺术的水吧和书吧，甚至瑜伽室、太空舱等设施，以增强车上的休闲娱乐性。

其次，景观环境是旅游综合体的特色所在。旅游专列的乘车时间已不是一个简单的流程，而是一个渗透，以及这些乘客如何在火车车厢中融合形成社区。列车应营造轻松、相互沟通交流、温馨的旅行环境，避免游客在长时间的旅途中感觉单调枯燥。例如，东方快车采用奢华的装饰风格，打造出仿似贵族皇宫般的客房和车厢。车内的桌椅选用了高质的木造家具，每一细节都洋溢着贵气。Laura Watts 提出，在火车的特定时间和空间中，以文字和图像形式创造目的地的想象，从而形成火车旅行的艺术。

最后，服务接待设施与水平是旅游综合体品质的体现。在传统的铁路管理与服务基础上，不仅要规范管理，更要融入旅游者的多样化需求，逐渐形成以市场为核心的观念，应参考和使用旅游景区的质量管理和服务体系，增加游客的满意度。

2. 旅游线路的选择和旅游地的行程安排，是铁路旅游产业的另一个核心

在旅游线路的选择过程中，出于观光效果的考虑，应选择在景观条件优越的地区穿行，如美国的“西部酋长号”旅游专列穿行于大峡谷之间，给游客带来难忘的观景体验。在旅游地的旅行安排中，做好与当地景区的接驳工作，选择最具有代表性的景区形成固定的合作关系，使旅游地游览“在精不在多”，一定程度上可参照定制旅游的做法，为游客提供 2—3 种可选择的行程安排，满足不同类型游客的旅游需求。

3. 推动铁路旅游企业转型升级，加快市场化对接

铁路运输业作为典型的自然垄断行业，一直以来政府在投资建设、运输经营等方面实行统一管制。我国旅游专列由各铁路局集团公司调度闲置列车，由铁路旅行社开展运营，并作为批发商对外承包。长期的垄断经营模式，难免缺乏创新动力，放松市场化对接，导致旅游专列产品发展缓慢。在旅游专列的进一步发展过程中，应推动铁路旅游企业转型，引入旅游开发运营公司作为战略投资者，在铁路旅游产业中深度合作，有效提高铁路旅游的经营效益。中国铁路南昌局集团在此方面已经做出有效尝试，通过依法公开转让所属南昌铁路旅游有限公司部分股权，成功引入江西省旅游集团公司，揭开了中国铁路旅游企业混合制改革的序幕，带动中国铁路与江西省“旅游+铁路”融合发展进入新征程。

4. 打破低价团的禁锢，规范旅游市场秩序，促进旅游专列稳步发展

针对旅行社反馈的现有旅游专列多为低价团，利润空间低而导致产品与服务质量不能满足游客期望的现状，在旅游专列的起步阶段，由地方政府出台措施进行资金扶持与营销扶持，鼓励旅游专列的开通，撬动市场发展；此外，旅行社也应从提高产品品质与服务水平方面着手，提供高质高价的旅游专列产品，在游客追求优质旅游的当下，也可被市场所接受。

此外，针对现有旅游专列的市场不规范行为，如旅行社价格操作不透明、旅游时间被压缩、舍弃旅游地经典景区选择低价景区、强制购物甚至欺骗购物等行为，需要加强市场监管，增加惩处力度，从发展之初便进行规范化管理，有利于促进旅游专列的快速、稳步发展。

5. 积极引导市场，开发豪华型旅游专列，增加主题旅游专列

当前我国的旅游专列完全由旅行社组团报名，加上游客没有形成乘坐旅游专列的出行习惯，为安排恰当的车厢数量与出行时间，只能采取预约报名形式。实际上，从我国作为出境游第一大客源国以及人均消费高居世界前列的发展情况可以看出，在我国开通与世界接轨的豪华型旅游专列的市场潜在空间极

为巨大。据统计数据，大约2/3的东南亚旅客更喜欢在瑞士乘火车出游；同样是发展中国家、人口大国的印度，有前往沙漠野生动物园的“沙漠女王”号、有运行已35年被称作“车轮上的宫殿”的印度皇宫列车。对于高铁技术如此发达的中国而言，至今还没有成熟的高端旅游专列线路，也实属铁路旅游发展中的一种遗憾。未来可选址于自然人文景观独具特色的地域，建设多条跨省或跨城市的旅游专列专有线路，设计豪华型专列车厢，提供管家级专属服务，面向国内外游客展开宣传、增强影响力。

同时，注重不同档次的旅游专列的设置，在设计豪华型旅游专列的同时，要兼顾现有大众市场对一般专列的需求。对于旅游专列的游览时间较长，一般以老年人为主而成为“夕阳红”专列的现状，旅行社应考虑行程时间较短的主题旅游列车的设置，以满足不同旅游人群、不同时间段的需求，如结合旅游市场的需求，于小长假、双休日开展四至五日的亲子研学旅游专列、春季踏青旅游专列、艺术国学旅游专列等，为游客增加可选择的空间。

四、铁路观光与特色体验产品开发建议

（一）铁路观光旅游产品

伴随我国高铁旅游的快速发展，以及火车不断提速升级，原有的一些轨道路线和车厢被废弃闲置，这些轨道与车厢经改造后可为短途观光或景区内部观光所用。目前我国已经有很多景区设置有观光小火车或蒸汽机车体验项目，观光小火车一般为窄轨火车（轨道间距小于国际标准的1435毫米），时速在20—30千米，车厢数量较少（3—5节），行驶距离在几千米至十几千米不等，一般控制在半小时车程范围内。

此类旅游产品的功能在于：作为景区内的一种特色游憩方式，观光小火车串联了主要景点或景观特色路段，兼具观光、交通、体验功能。由于经过了内

外部的装饰与改造，与景区环境更加协调，给游客以梦幻的童话般的感受，也往往成为一处摄影的景致所在。此外，一些蒸汽机车、林场运输火车等经过修复和改造后，用于旅游观光，引发复古情怀，也对青少年游客具有一定的教育意义。

我国台湾地区的观光小火车及其车站以精致、文艺、浪漫的设计理念著称，有诸多值得参考借鉴之处，见表 4-7。

表 4-7　台湾观光小火车及车站设计的经验总结与借鉴

借鉴方面	打造特色	典型实例
景观环境氛围	不断变换的景观与小火车融为一体，或近距离的风景仿佛触手可及，或大地田园花海沁人心脾，或无际的大海让人遐想，让游客获得唯美、梦幻的感觉	阿里山小火车，包括三条观光支线：专为观赏日出而建的祝山线、赏樱必去的沼平线，以及欣赏千年神木的神木线
车厢内外设计	彩绘的车身，或蒸汽机车头、或原木古朴座椅，加大明亮的观景车窗，虽然风格各不相同，又都以增添观景享受为目的。有的车厢内还会举行音乐表演等活动，营造了热闹的气氛	环绕溪湖糖厂的台糖线小火车，车头为蒸汽机，带动开敞的彩绘车身，小火车内部装饰复古，形式梦幻
站台文化塑造	原住民风情的建筑设计、原汁原味的摆设、古朴气息的景观小品，尤其再赋予爱情故事、美好祝福，甚至是当地的猫都传递了文化气息，在这样的站台上，轨道也成为一处景观	内湾支线唯一的木造车站——合兴车站，被称作“薰衣草爱情火车站”，站内写有当地一对夫妻的浪漫爱情故事
总结	台湾的观光小火车不论在线路选择上，还是每一个站台的文化表现上，仿佛不仅是为了游客观光而设，而更是一种文化情怀的传递，其建设的精致、细腻，每一个站台都有自己的故事，令游客接触自然，了解感悟当地文化，将铁路之旅的诗意浪漫表达得淋漓尽致	

（二）特色体验旅游产品

中国铁路由诞生至今的一百多年发展中，历经了不断的更新换代，由蒸汽机车到内燃机车到电力机车，再到当代处于世界领先水平的高速列车，以及高科技交通工具磁悬浮列车。大量被淘汰下来的机车、废弃的车站成为印证铁路发展历程的工业遗产，代表了人类科技的进步，时代文明的变迁。这些铁路工业遗产与旅游业相结合，是开展研学旅游的极佳资源：其一，可以结合火车站点、废旧机车，建设铁路文化博物馆，通过声光电等展示手法的运用，展现铁路文化发展历史；其二，利用废弃火车站点打造文创体验园区、影视拍摄基地，将粗犷的工业风融入文化创意产业，开展文化艺术展览展示，开发文创商品，具有产业延展价值；其三，将机车进行艺术化包装，改造为别具特色的服务设施，如“火车头餐厅”“小火车酒吧”等，是在一些城市餐厅的环境打造中常被采用的做法。

第五章

产业扩展、功能强化的“产业链”模式下的交通旅游产品研究

根据产业融合模式下的交通旅游产品体系，产业扩展、功能强化的“产业链”模式的交通旅游产品，主要包括自驾车旅游产品与低空旅游产品两种形式。此处对这两种产品进行产业结构、发展现状与问题，以及对策与建议方面的详细研究。

第一节　自驾车旅游产品创新发展研究

自驾车旅游（简称自驾游）即旅游者驾驶自家车辆或租赁的车辆，前往旅游目的地开展观光休闲游乐等活动的旅游方式。国外自驾车旅游已经非常普遍乃至成为日常生活方式，国外学者一般又将自驾游称为汽车旅游（Drive Travel），车型包括了轿车与房车两种。自驾游近几年在我国开始迅速发展，但因经济条件、文化传统与生活习惯的不同，我国自驾游的车辆一般为自家或租赁的轿车，我国学者一般将自驾游翻译为self-driving tour。本书的自驾游研究对象将限定为轿车自驾游，并将房车旅游作为另一种新兴的旅游产品形式进行单独研究。

一、自驾车旅游产业链与服务体系架构

（一）自驾游产业链分析

自驾车旅游通过道路交通实现客源地与自驾游目的地的连接，自驾游产业既涉及汽车交通产业中与汽车出行及服务相关的产业，又涉及旅游产业，二者融合形成自驾游产业链条。自驾游产业链以旅游服务产业为核心，包括自驾车行驶中的集散服务、观光游览相关产业，以及自驾游目的地的旅游服务产业；以出行中的交通服务关联产业为支撑，包括加油、环卫、信息、休息服务等；

以运营管理的关联产业为辅助，包括目的地与露营地的规划、旅游咨询、汽车租赁、营销、培训、保险等。最终形成较为成熟、完善的自驾游产业链（如图5-1所示）。

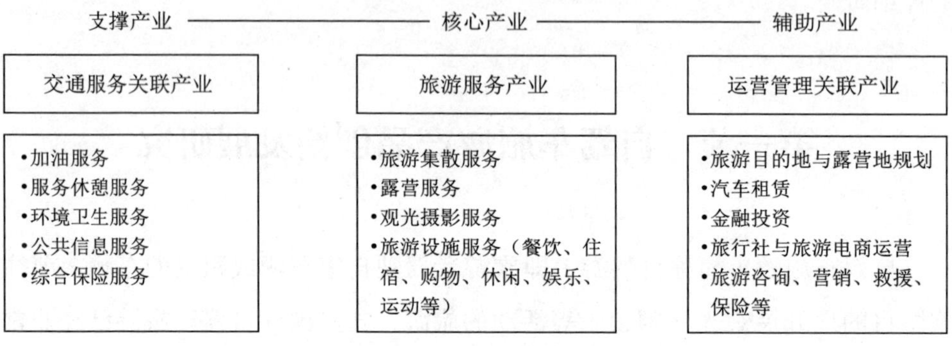

图 5-1 自驾车旅游产业链结构

（二）自驾游服务体系架构

自驾车旅游往往包含多个目的地的旅游服务消费，或一个目的地的多种旅游服务内容的消费，从系统角度来看，自驾车旅游可以被看作是一系列产品市场的组合①。本书试图通过对自驾游产业链的解构，搭建旅游服务、配套服务、公共服务共同构成的自驾游服务体系（如图5-2），进而为自驾游产品的细分提供支持。其中，旅游服务体系是自驾游的核心与载体，包括了在自驾游行驶途中提供旅游相关活动的风景道、汽车驿站、观光摄影平台，以及旅游目的地的集散中心、自驾车露营地和餐饮、住宿、购物、休闲、娱乐、运动等旅游服务要素与服务设施，由旅游服务体系衍生出系列自驾游旅游产品；配套服务体系为汽车行驶提供完善的配套服务，主要有行驶过程中的停车场、加油站、服务区，以及环境卫生和交通旅游信息服务等；公共服务体系涵盖了自驾游能够顺利开展的各方面保障环节，既涉及为旅游产品服务的旅游规划与策划、金融

① SCOTT N. Product Market Perspective of self-drive Tourism [C]. Drive Tourism: Up the Wall and Around the Bend. Common Ground Publishing, Melbourne, 2002: 81-90.

投资建设、营销与宣传推广，又包括组织和保障自驾游开展的旅行社、旅游电商平台、保险机构，以及汽车租赁公司或平台。

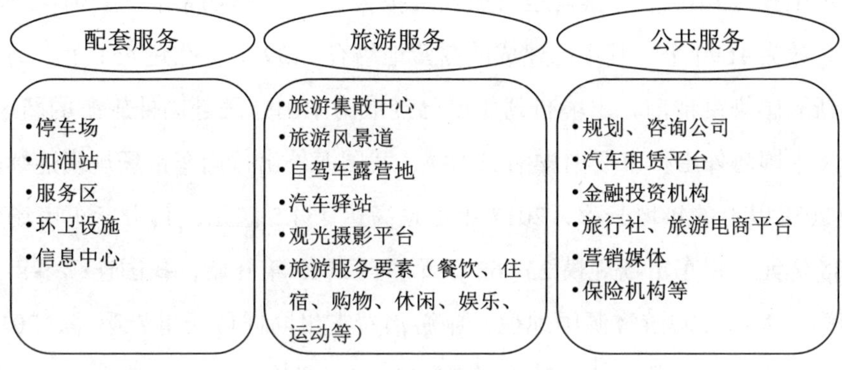

图 5–2　自驾车旅游服务体系架构

二、自驾车旅游产品发展现状

自驾车旅游是伴随着欧美国家的工业革命，特别是汽车产业及服务业的发展而快速发展起来的。美国被称作“车轮上的国家”，是自驾游的起源地。根据 2017 年美国劳工部发布的家庭消费报告，“平均每个美国家庭拥有汽车 1.9 辆，约三成家庭拥有 3 辆或 3 辆以上汽车”。在欧美、澳大利亚等汽车产业发达的国家，自驾车旅游已经成为人们日常生活中的一种常规的休闲活动，发展趋于成熟。

随着我国汽车保有量的“井喷式”上涨，以及公路交通设施的改善，在小黄金周假日制度和高速公路收费下调制度的刺激下，我国自驾车旅游于 2000 年之后开始快速发展，特别是在 2008 年后，全国高速公路网基本形成，自驾车旅游需求得到迅速释放，至今已成为国内旅游的主要出游方式和旅游产品。根据《中国自驾车、旅居车与露营旅游发展报告（2019—2020）》，2019 年国内旅游人数 60.06 亿次，其中自驾游出行规模达到 38.4 亿人次，占比达 64%。

近五年来，自驾出游人数占国内旅游人数比例稳定在半数以上。

与自驾游的快速发展同步，全国范围内掀起了自驾车露营地投资与建设的热潮。根据《2018 中国露营地行业投资报告》，截至 2018 年，全国自驾车露营地总数为 1690 个，其中已建成的露营地约有 1239 个，在建 451 个。

新冠感染疫情前，出境自驾旅游已经成为中国公民赴国外旅游的新风尚。根据《中国海外出行市场白皮书 2018》，我国海外出行用车市场规模连续多年保持 20% 以上的年增长率，2017 年更是高达 454.5 亿元，其中专车市场规模 220.88 亿元，租车市场规模 233.62 亿元。自 2012 年开始，我国连续多年保持世界第一大出境旅游客源国地位，旅游消费支出同样位居世界第一，2017 年中国公民出境旅游数量达 1.29 亿人次，旅游消费达 1152.9 亿美元，正处于购物旅游向休闲体验旅游转型阶段。可以预见，未来出境自驾游的发展空间仍然广阔。

三、自驾车旅游产品创新发展研究

从宏观上来看，自驾车旅游产品的主要表现形式是“旅游线路”，通过旅游线路将沿途旅游吸引物及上述自驾车旅游服务体系进行串联，为游客提供旅游体验。旅游企业、研究者、行业协会等机构通过旅游大数据，进行了各个层面的自驾车旅游者行为特征与需求特征分析，如中国旅游研究院（国家旅游局数据中心）与中国电信成立的旅游大数据联合实验室发布的《2017 年上半年全国自驾游报告》，途牛旅游网与中国旅游车船协会自驾游与露营房车分会、西部自驾车旅游联盟共同发布的《中国西部自驾旅游发展报告 2018》，驴妈妈旅游网发布的《2018 中国自驾游报告》，易观与惠租车联合发布的《中国海外出行市场白皮书 2018》等，为自驾游产品开发提供了市场支撑。蓬勃发展的自驾游市场，催生了越来越多的自驾游目的地和自驾游主题线路的形成，带动了不断完善、类型丰富的服务要素与服务设施的聚集。

从微观上来看，针对自驾游的旅游服务体系，自驾车露营地、旅游风景道、汽车旅馆是自驾游旅游服务中独有的、具有鲜明特色、承载不同服务功能的重要产品形式，本书将重点进行这三种产品的创新发展研究。

（一）自驾车露营地

自驾车露营地是为汽车旅游露营者提供旅游休闲服务设施的场所。2014 年 1 月 1 日，国家体育总局发布的《汽车露营营地开放条件和要求》（以下简称文件）正式实施，对包括旅居车在内的各类汽车露营地建设、服务管理和星级评定提出了行业标准与要求。2019 年 9 月，文化和旅游部发布了《自驾车旅居车营地质量等级划分》行业标准（LB/T 078—2019），规定了以自驾车露营、旅居车宿营为主要旅游和休闲度假活动的营地质量等级划分的依据和条件。

自驾车露营地应选址于交通便捷、水文地质条件安全、临近主要旅游吸引物的地区，并设置有汽车营位、帐篷营位、体育休闲区和服务中心等功能设施。汽车营位是自驾车露营地的基本单位，自驾车露营地均应设置有旅居车营位和帐篷营位，四星级、五星级营地还应设立移动房屋营位，文件规定：乘用车停车位占地面积应不小于 15 平方米，乘用车、自行式旅居车营位占地面积应不小于 50 平方米，旅居挂车、移动房屋营位占地面积应不小于 80 平方米。体育休闲区是提升露营地服务内容的区域，在自驾车露营地中具有越来越重要的作用。除文件中规定的体育项目、儿童游乐和拓展训练场所外，应注重对休闲娱乐设施的强化，如汽车影院、游憩园区、休闲茶室、酒吧、书屋、主题购物街等的设置，综合型休闲娱乐设施正日益受到市场的欢迎。

当前我国自驾车露营地的投资与建设速度加快，标准化设施趋于完善，但汽车露营文化的匮乏一直是我国露营地发展中的一个短板。面对游客的多样化需求与激烈的市场竞争，具有鲜明文化主题特征、独特性强的自驾车露营地产品，将具有极强的吸引力。在露营地建设中应注重本土文化的挖掘和主题文化的融合，营造统一的主题氛围与景观环境，以风格一致的主题形象塑造和推广露营地产品，以文化理念进行露营地管理与运营，推动自驾车露营地的品牌形象塑造。

（二）旅游风景道

风景道（scenic byways）自 20 世纪 90 年代以来兴起于欧美发达国家，得益于国外汽车文化的繁荣以及道路建设与生态保护相平衡的发展观念，风景道开始蓬勃发展。我国对旅游风景道的研究主要始于2006年之后①，近年来，随着自驾车旅游的快速发展，风景道的开发建设越来越受到政府、交通部门、旅游部门和研究者的关注，全国各地开展了旅游公路、旅游绿道、旅游风景道等的建设。2016 年 8 月，国家发改委与国家旅游局联合印发《全国生态旅游发展规划（2016—2025 年）》，首次提出“国家风景道”的概念，国务院发布的《“十三五”旅游业发展规划》中提出在全国打造 25 条国家旅游风景道。我国的旅游风景道具有四个方面的典型特征：

其一，风景道首先是“景观路”。风景道是景观景点、旅游产品的线性联系，通过对道路沿线资源的串联，形成自驾车旅游的重要旅游吸引力，为自驾车游客提供旅游体验。

其二，风景道是“生态路”。风景道是道路景观的保护和建设体系②，它打破了传统的“开山修路”思想，不再是对环境的破坏，而是将道路沿线生态景观资源进行保护与修复，作为旅游资源展现给游人。

其三，风景道是“经济带”。我国的风景道既涉及与自驾游关系密切的旅游咨询、加油站、服务区、露营地等服务要素，能带来道路交通收益，更突出的特点还在于其串联大量的乡镇、村落，随着自驾游的发展和游客的聚集，这些乡镇、村落开发旅游产品，逐渐形成旅游特色村、特色旅游镇，从而实现了旅游带动下的综合效益的提升。

---

① 李东和，吴润华，张莹.我国风景道研究综述［J］.资源开发与市场，2018，34（2）：292–296.

② 余青．风景道：我国干线公路升级改造的新方向［J］．旅游规划与设计，2012（1）：36–43.

其四，风景道是“文化带”。中国文化博大精深，地域文化各具特色，风景道延续和承载了地区的文化元素，是其所在地的重要形象展示窗口，通过地区的民族民俗文化特色的呈现，也进一步增加了风景道的吸引力。

通过对自驾游服务体系架构的组成要素进行分析，结合我国旅游风景道的典型特征，在风景道的发展当中，应涵盖三个功能板块，涉及三个方面要素，实现硬件建设与软件配套的共同提升发展（如图 5–3）。三个功能板块，即服务设施配套、游览休闲项目、旅游标识系统，是旅游风景道建设中的基本功能板块和必要设置内容；三个方面要素，即生态要素、文化要素、经济要素，是旅游风景道开发应贯穿的思想理念与蕴含的内在气质。

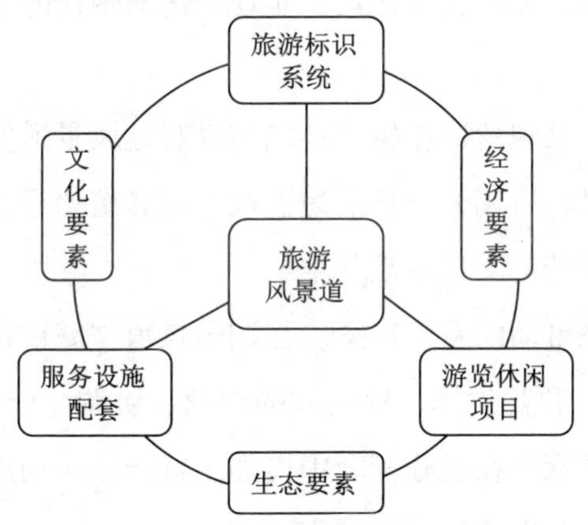

图 5–3 旅游风景道产品开发体系

在旅游风景道产品的开发中，应注重对“三个功能板块、三个方面要素”的综合开发与运用：

第一，注重服务设施配套。以齐备、完善为原则，配备停车场、观景平台、建筑景观小品、旅游厕所、环卫设施等基础与服务设施，为游客提供安全、便利的服务。

第二，注重游览休闲项目的设置。根据旅游资源与实际需求，单独或组合配置游客中心、商业、餐饮等设施，同时强化住宿、野炊、野营等周边设施的配备和引导。针对自驾车游客的旅游需求，在重要节点联动周边地块，设置休闲体验、户外游憩、水上娱乐、康体娱乐等旅游休闲项目，形成参与度较强的游憩组团，增强人与风景道之间的密切联系。

第三，注重旅游与交通标识设计。旅游交通标识是自驾游行车与旅游过程中必不可少的服务设施，但也往往被规划和开发者所忽视，应强化沿途交通标示系统和解说系统设计，体现当地自然与文化元素，以独特的风格形成鲜明印象。

第四，注重文化元素的融合体现。在整个风景道主题风格、服务设施、游览休闲的设计当中，贯穿以当地文化背景、风土人情等文化元素，在项目设置中融入休闲文化元素、乡村文化元素，实现传统与现代的和谐，展现文化风情特征。

第五，注重生态景观营造。生态环境与景观是风景道发展的基础，应强调环境保护和生态建设相协调，强化沿途视域景观和植物配置，利用四季不同植物景象，体现自然风情与文化景观共生。

第六，注重经济带动的发展理念。强调风景道与城市发展框架、道路交通体系的联系，重视各利益主体、社区间的沟通、协调、合作，强调社区参与，如引入乡村市集的概念，在设施配套中增加土特产品流动摊位的设计，实现风景道对周边旅游及经济发展的带动作用。

（三）汽车旅馆

汽车旅馆（Motel）顾名思义，是位于公路沿线，为汽车旅行者提供住宿、停车、汽车维护等相关服务的酒店。汽车旅馆起源于20世纪20年代的美国，汽车旅馆的普及是美国自驾游产业发达的一个典型特征。我国汽车旅馆于2000年后开始逐步发展，并形成了一些汽车旅馆的品牌（如莫泰酒店、318连锁汽车旅馆、锐思特酒店等）。基于汽车旅馆的功能特征，国外的汽车旅馆一般位于高速路或主要道路沿线，并向城镇及郊区辐射。由于我国自驾游发展起步较晚，且高速公路的封闭式管理形式与国外的开放式高速公路形式有所不同，我国汽车旅馆仍然以“概念型”为主，如首家主打汽车旅馆概念的莫泰酒店，基本是位于城市内的经济型（连锁）酒店，其主要客户也非自驾车旅游者。随着自驾游的快速发展，近年来汽车旅馆业快速兴起，在发展模式和服务品质借鉴国外经验的基础上，逐渐形成了一些符合我国实际情况的特有模式。总的来看，我国汽车旅馆基本可以划分为四种类型（如表 5–1）。

表 5–1　中国汽车旅馆的类型划分及代表性品牌

类型	位置	特点	代表性品牌
景区依托型	位于城市内的大型景区附近	经济型连锁酒店，不局限于自驾游服务	莫泰 168
汽车主题型	城市或郊区，道路沿线	提供汽车关联服务，内外部风格突显汽车文化	锐思特酒店
服务区配套型	高速路服务区内	为“服务区 + 旅游”提供综合食宿配套	驿佰居 · 布丁酒店
景观道路型	风景道沿线	景观大道沿线的旅游观光度假型酒店	318 连锁汽车旅馆

不同于城市经济酒店，汽车旅馆以交通便捷、价格低廉、服务质量高、便于汽车停放为基本特征，拥有自驾车旅游者这一固定的客户人群。面对越来越追求旅游品质的自驾游市场需求，我国的汽车旅馆应从三个方面实现品质升级：一方面，增加自驾车配套服务，设置汽车清洗、汽车维修、汽车护理等服务设施；另一方面，增加休闲度假设施，如泳池、酒吧、咖啡厅、儿童乐园、健身房等的设置，满足家庭出游和自驾车游客的休闲娱乐需求；再一方面，以精致化的手法打造主题型旅馆客房，融入汽车文化主题与地区文化主题，增强旅途中的特色体验，为自驾车旅游者提供“心灵栖息的驿站”。

四、自驾车旅游发展的对策建议

（一）完善设施与产品，助推自驾游品质化发展

随着自驾游数量的快速增长，很多知名景区景点、村镇旅游地的停车场容量明显不足，“停车难”成为自驾游的一大问题。此外，由于我国自驾游存在出游时间集中、出游时间短、路程近的特点，在小长假或黄金周、节庆活动举办的时间内，自驾车游客大量聚集，导致旅游地的基本旅游设施不足、公共服务跟不上、后勤保障不到位等问题时有发生，严重降低了游客的满意度和自驾车旅游品质。

在自驾游产品的提质发展过程中，应做到以下两个方面：一方面，针对自驾车游客注重旅行的体验感和参与感的特点，各地应加强旅游风景道的建设与汽车旅馆的配套，提供便捷的自驾车出行服务，增强沿途的旅游体验。另一方面，对于旅游城市、旅游景区、旅游村镇、乡村民宿等自驾游目的地，首先应依照原国家旅游局发布的《自驾游目的地基础设施与公共服务指南》（LB/T 061—2017），配备齐全的基础设施，提供完善的公共服务，其次要结合实际发展情况，在规划设计中充分考虑自驾游快速发展的趋势，在用地规划与设施配套上具有超前意识，提前规划好节庆等客流高峰期的停车、食宿等的解决方案，满足节假日游客对旅游设施的数量与质量需求，还要丰富自驾游休闲体验产品，不仅满足自驾车停留、观光、餐饮的基本需求，更要深入挖掘休闲时代游客的旅游需求特征，丰富产品内容，增加高品质的休闲娱乐设施，实现由单一的基础休闲功能向复合型休闲度假功能的转变，有效延长自驾游的停留时间，提高自驾游消费水平。

（二）加强宣传推广，引导自驾游有序化发展

当前我国的私人汽车自驾游基本上还处于市场自由发展阶段，基本由游客通过媒体或朋友介绍自行获取旅游地信息，然后开展家庭出游，或自发组织朋友出游。在互联网与信息化高度发展的今天，发挥不同层面的宣传推广作用，加强多种渠道、多种方式自驾游产品营销，有利于扩大自驾游目的地吸引力，促进自驾游的有序发展。不同的宣传主体其措施与作用也有所不同：其一，政府层面，应从全域旅游发展的视角制定全域自驾游线路，建设自驾游营地、旅游风景道及汽车旅馆等相关产品，通过政府门户网站与旅游网站、通过国内外展会、通过广播电视与新媒体等形式，进行宣传推广，并制定鼓励政策，对开展自驾游的旅行社和团体，进行资金与税收方面的鼓励扶持；其二，旅行社及汽车俱乐部层面，作为组织团队自驾游的主体，应借鉴国外的发展模式，组织丰富多彩的主题线路与自驾游活动，制订合理的出行计划，有针对性地向目标受众推送自驾游信息；其三，在线旅游服务商层面，如携程、途牛、驴妈妈等旅游平台，对自驾游散客的出游决策具有极大的影响，应加强与旅游景区、餐饮饭店、酒店、购物品商店的合作，通过旅游反馈评价体系的搭建规范市场，为游客提供旅游资讯，并与政府合作，适时推出相关活动，有效提高旅游节庆活动、自驾游产品、自驾游线路的知名度。

（三）搭建产业链条，推动自驾游产业化发展

完整的产业链条的形成，是自驾游发展成熟的重要标志。如前所述，自驾游产业链条既涉及以旅游及露营服务为主的核心产业，又涉及汽车相关配套服务产业，以及运营管理的关联产业。我国当前的自驾游产业尚处于市场自发的发展阶段，产业内容单一，产业链条不完整，产业带动作用未能充分发挥。在自驾游发展过程中，应以政府为主导，以企业为主体，通过市场化运作，强化

多产业联动。第一，强化自驾游与旅游目的地的产品联动，通过自驾游风景道的串联作用，促进旅游地的旅游景区、美丽乡村、田园旅游综合体、体育综合体、主题园区等的开发建设，增强自驾游产业与目的地的农业、工业、文化、体育、康养等优势产业的有效联动；第二，加快与自驾车密切相关的露营地与户外用品行业，在旅游产品开发中，增加露营地与户外旅游设施，联合户外运动俱乐部丰富旅游产品内容，强化自驾游体验；第三，进一步促进汽车租赁行业发展，推动我国汽车租赁网络的形成，为异地自驾车旅游提供更加方便、快捷的用车条件；第四，增加汽车服务关联产业发展，在自驾游旅游地提供停车、露营外更加完善的配套产业，如汽车清洁、维护、汽车展览、汽车驾驶体验等相关产业。尤其要重视“服务区＋旅游”发展方向，将服务区作为地区形象展示的窗口，在传统的加油、停车休息、食宿基础上，提升主题文化氛围，增加自驾车旅游过程中的参与体验。

（四）优化参与模式，促进自驾游全员化发展

我国当前的自驾车旅游具有出行时间短、旅游消费低的特点，是短线游客的首选。尽管自驾游在一定程度上带动了旅游地周边乡村旅游、民宿的发展，但从人均消费及区域旅游贡献来看，自驾游的经济带动价值并未充分发挥出来。在自驾游发展中，应融入社区参与，形成“政府主导、市场引导、企业主体、社区参与”的全员化发展模式。通过举办旅游节庆活动，如美食节、民俗节、采摘节等，带动旅游线路周边及旅游地的乡村旅游发展。在规划设计自驾游产品时，融入旅游扶贫理念。在旅游服务设施的设置中，增加乡村集市、民俗文化体验、土特产品销售等当地居民可参与的产品开发形式，有效发挥旅游产业带动作用，形成全民参与、互动发展、共同富裕的自驾车旅游发展新模式。

第二节　低空旅游产品培育及发展研究

一、低空旅游产业结构及产品划分

（一）低空旅游产业结构

低空旅游是通用航空活动的重要类型，是游客借助通用航空器，在低空空域开展的观光、娱乐、体育等游乐体验活动。在世界范围内，低空游览需求是促进通用航空业发展的重要原因，低空旅游向来也是通用航空的主要活动类型。

与其他交通与旅游融合机制有所不同，低空旅游的开展依赖通用航空业的发展，而通用航空业的发展依赖低空空域管理的改革。低空旅游在西方发达国家已经获得长足的发展，而在我国低空旅游是伴随着低空空域管理改革、鼓励通用航空业发展等政府管制的放松而开始出现的新生事物，低空旅游是通用航空与旅游相互融合发展的产物。

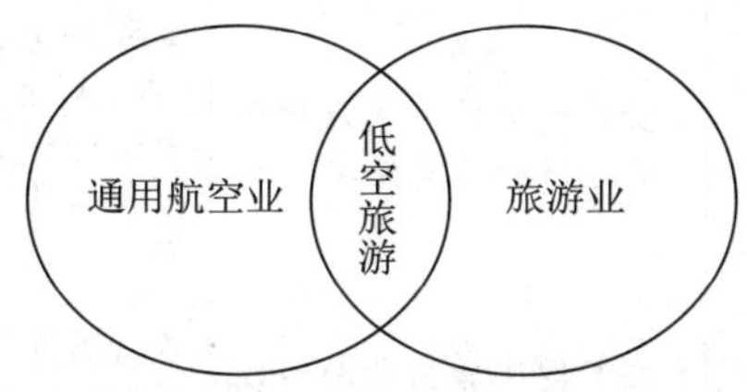

图 5–4　低空旅游与通用航空业及旅游业相互关系

放松管制是推动低空旅游发展的重要因素。鉴于低空空域是通用航空活动开展的基本区域，以及低空空域长期以来处于严格管制的情况，为了促进通用航空业的发展，2010 年 11 月，国务院和中央军委联合发布《关于深化我国低空空域管理改革的意见》，提出了深化低空空域管理改革的思路、原则、目标和任务，这成为推动通用航空业发展的关键举措。自此有关低空空域管理改革和促进通用航空业发展的政策意见不断出台，长期以来处于严格管制的低空空域开始出现松动。民用航空器能够上天的审批流程开始得到简化，从而为低空旅游的开展创造出前提条件。2016 年 5 月，国务院办公厅发布的《关于促进通用航空业发展的指导意见》还明确提出“促进通用航空与旅游业结合，在适宜地区开展空中游览活动”。近年来国家推动的通用航空业发展政策措施见表 5–2。

表 5–2　近些年国家推动通用航空业发展的政策措施一览

时间	发布主体	文件名称	重点内容
2003 年 5 月	国务院、中华人民共和国中央军事委员会	《通用航空飞行管制条例》	◆从事通用航空飞行活动的单位、个人使用机场飞行空域、航路、航线，应当按照国家有关规定向飞行管制部门提出申请，经批准后方可实施
2010 年 11 月	国务院、中央军事委员会	《关于深化我国低空空域管理改革的意见》	◆加快推进低空空域管理改革试点 ◆分类划设低空空域
2013 年 11 月	解放军总参谋部、民航局	《通用航空飞行任务审批与管理规定》	◆对通用航空飞行任务审批实行“负面清单”式管理 ◆首次明确了民航、军队相关部门在通用航空飞行任务审批职责方面的事权划分
2014 年	民航局	《低空空域使用管理规定（试行）》征求意见稿	◆原则上将全国范围内真高 1000 米（含）以下区域界定为低空空域 ◆按管制空域、监视空域和报告空域以及目视飞行航线对低空空域进行分类
2014 年 8 月	国务院	《关于促进旅游业改革发展的若干意见》	◆继续支持邮轮游艇、索道缆车、游乐设施等旅游装备制造国产化，积极发展邮轮游艇旅游、低空飞行旅游
2016 年 5 月	国务院办公厅	《关于促进通用航空业发展的指导意见》	◆提出到 2020 年，建成 500 个以上通用机场，覆盖农产品主产区、主要林区、50% 以上的 5A 级旅游景区的目标 ◆提出实现真高 3000 米以下监视空域和报告空域无缝衔接 ◆提出有关提高审批效率的具体要求

续表

时间	发布主体	文件名称	重点内容
2016年10月	国家发改委	《国家发展改革委关于印发〈近期推进通用航空业发展的重点任务〉的通知》	◆开展通用航空旅游试点，建设10—15个空中游览等试点项目
2016年11月	国家发改委、民航局、体育总局、国家旅游局	《关于做好通用航空示范推广有关工作的通知》	◆促进通用航空与旅游、体育等融合发展，拓展通用航空服务领域 ◆推出16项通用航空旅游示范工程
2022年2月	民航局	《“十四五”通用航空发展专项规划》	◆以有效需求为牵引，以供给侧结构性改革为支撑，坚持分类管理、差异监管，重点突破、全面提升，创新驱动、智慧引领，协同共治、开放融合的基本原则 ◆从通用航空服务领域多元、特点各异出发，按照“五纵两横”组织框架，明确重点任务

（二）低空旅游产品类型划分

空中游览观光产品是低空旅游的基本类型，根据游览场景的不同，可以划分为城市型低空旅游、景区型低空旅游和交通型低空旅游。城市型低空旅游主要为借助通用航空器飞抵城市上空，从空中俯视城市整体风貌或标志性景观建筑的观光游览活动；景区型低空旅游是借助通用航空器飞抵各种类型的景区（包括自然生态资源为主型景区、历史人文资源为主型景区以及自然及人文资源兼备型景区）上空，能够更好地领略和欣赏壮美、优美、雄奇的更广阔景观全貌的游览观光活动；交通型低空旅游是选择一条拥有独特性自然或人文风貌资源的低空航线，开展的一种交通线路型游览观光活动。各种类型的通用航空器一般都可以提供空中游览观光活动，选择的通用航空器类型不同，也将获得不同的观光游览体验。

低空旅游除空中游览观光产品之外，还包括低空刺激游产品、低空商务游产品等。低空刺激游产品是指开展的低空跳伞、翼装飞行、滑翔伞飞行，或者是直接驾驶三角翼飞机飞行等强刺激性空中游览体验活动。低空跳伞一般可以使用活塞飞机、涡桨飞机或者是旋翼机。低空商务游产品是商务旅游的一种类型，是借助通用航空器在空中开展会面、洽谈、接待等高端商务活动，同时进行低空游览观光的一种产品类型。低空商务游一般使用涡喷飞机中的公务机。

低空旅游产品从经营模式或者是游客的购买方式来看，可以划分为一次性体验、俱乐部、低空包机、私人飞机等类型。一次性体验是购买通用航空器的一次性低空旅游产品，一般为大众型低空旅游好奇者所选择；俱乐部是会员通过加入低空旅游俱乐部，长期享受低空旅游产品的会员服务，一般为低空旅游爱好者所选择；低空包机是通过签订协议的形式租用一架通用航空器开展低空旅游活动，一般为团队游客所选择；私人飞机是富裕群体通过直接购买通用航空器的形式开展低空旅游活动，一般为富裕的高端低空旅游爱好者所选择。

二、通用航空及低空旅游发展现状

（一）国外通用航空及低空旅游发展现状

1. 全球通用航空发展情况

根据通用航空飞机制造商协会（GAMA）[①] 的统计数据，当前有超过 44.6 万架各种类型的通用航空器飞行在全球各地，绝大多数的通用航空器为西方发达国家所拥有，其中美国拥有 21.1 万，占 47.3%，欧洲拥有 13.6 万，占 30.5%。在美国，通用航空每年产值高达 2190 亿美元，有 110 万人从事通用航空业。每年的飞行时间超过 2480 万小时，其中 2/3 用于商业经营目的，在这

① 通用航空飞机制造商协会（GAMA）成立于1970年，是一个总部位于美国的非营利性通航飞机制造商行业协会。GAMA 的会员单位包括了全球超过 100 家世界领先的提供通航飞机、发动机、航电、零部件以及相关服务的制造商。GAMA 有关通航产业的统计，基本上可以代表全球通航市场发展的全貌。

些商业飞行中，低空旅游活动最为主要和频繁，全球通用航空飞行小时的45%是由低空旅游产生的。2018年，涡轮飞机的数量继续增长，达到22273架涡喷商务机和15519架涡桨飞机。在旋翼机方面，目前有9732架活塞直升机和21926架涡轮直升机。在美国，通用航空飞行员数量达到63.3万，比2017年增长4个百分点①。

从2000年以来全球通用航空器的销售量情况来看，单活塞飞机和商务机一般占据每年销售量的前两位。从销售的增长情况来看，在2007年，活塞飞机销售量一度达到最高点，然后出现下降，近些年的销售量表现得相对平稳。涡桨飞机和多活塞飞机近些年的销售量情况总体波动不大。2000年以来全球通用航空器销售量情况如表5–3。

表5–3　2000—2018年全球通用航空器销售量情况一览

单位：架

年份	总计	活塞飞机			涡轮飞机		
		单活塞飞机	多活塞飞机	小计	涡桨飞机	商务机	小计
2000	3147	1877	103	1980	415	752	1167
2001	2998	1645	147	1792	422	784	1206
2002	2677	1591	130	1721	280	676	956
2003	2686	1825	71	1896	272	518	790
2004	2962	1999	52	2051	319	592	911
2005	3590	2326	139	2465	375	750	1125
2006	4054	2513	242	2755	412	887	1299
2007	4277	2417	258	2675	465	1137	1602
2008	3974	1943	176	2119	538	1317	1855
2009	2283	893	70	963	446	874	1320
2010	2024	781	108	889	368	767	1135

① 数据来源：GAMA Annual Report，https：//gama.aero/.

续表

年份	总计	活塞飞机			涡轮飞机		
		单活塞飞机	多活塞飞机	小计	涡桨飞机	商务机	小计
2011	2120	761	137	898	526	696	1222
2012	2164	817	91	908	584	672	1256
2013	2353	908	122	1030	645	678	1323
2014	2454	986	143	1129	603	722	1325
2015	2331	946	110	1056	557	718	1275
2016	2267	890	129	1019	582	666	1248
2017	2325	936	149	1085	563	677	1240
2018	2443	954	185	1139	601	703	1304

数据来源：GAMA Annual Report，https：//gama.aero/.

从2000年以来全球通用航空器的销售额情况来看，通用航空器的销售额总体呈明显的增长态势，销售额的增长情况与商务机的增长情况基本保持一致，销售额的变化主要来源于商务机的变化，而活塞飞机以及涡桨飞机每年的销售额与商务机相比由于体量比较小，因此总体比较稳定，如表5–4所示。

表5–4　2000—2018年全球通用航空器销售额情况一览

单位：亿美元

年份	总额	活塞飞机	涡轮飞机		
			涡桨飞机	商务机	小计
2000	134.96	5.12	13.23	116.61	129.84
2001	138.68	5.41	12.10	121.17	133.27
2002	117.78	4.83	8.68	104.27	112.95
2003	99.98	5.45	8.37	86.16	94.53
2004	120.93	6.92	9.97	104.04	114.01

续表

年份	总额	活塞飞机	涡轮飞机		
			涡桨飞机	商务机	小计
2005	151.55	8.05	11.89	131.61	143.50
2006	188.15	8.57	13.89	165.55	179.58
2007	218.37	8.97	15.93	193.47	209.40
2008	248.46	9.45	19.53	219.48	239.01
2009	194.74	4.42	15.89	174.43	190.32
2010	197.15	4.15	13.00	180.00	193.00
2011	190.41	4.41	13.65	172.35	186.00
2012	188.95	4.28	13.59	171.08	184.67
2013	234.50	5.71	18.21	210.58	228.79
2014	244.99	6.35	18.49	220.15	238.64
2015	241.29	6.01	16.51	218.77	235.28
2016	210.93	6.61	17.05	187.27	204.32
2017	202.01	7.18	14.90	179.94	194.83
2018	205.64	8.66	18.39	178.59	196.98

数据来源：GAMA Annual Report，https：//gama.aero/.

2. 全球低空旅游发展现状

在欧美发达国家，低空旅游已经成为通用航空的主要活动之一，产生了一些非常典型或者是全球知名的低空旅游项目。美国是全球低空旅游发展最为发达的国家。根据美国空中旅游协会（USATA）的统计数据，美国空中旅游协会目前已拥有近 300 家公司会员，经营 1000 架飞机，从业人员达 3000 人，每年为美国经济贡献 6.25 亿美元。当前，美国每年参与空中旅游项目的人数达 200 万人次。

国外代表性的空中游览观光产品主要依托大峡谷、瀑布、冰川、海洋等自然奇观以及城市的摩天大楼和地标建筑而开展。比如，美国科罗拉多大峡谷、美加交界的尼亚加拉大瀑布、夏威夷群岛、巴西伊瓜苏瀑布以及新西兰福克斯冰川等都是全球热门的直升机空中游览观光地。其中科罗拉多大峡谷的直升机空中游览观光项目，全程2.5小时左右，飞经世界最高的水坝——胡佛水坝以及密德湖、科罗拉多河，然后进入令人叹为观止的大峡谷景区，一路景观壮丽，令人兴奋。巴黎、纽约、伦敦、迪拜、里约热内卢等著名旅游城市还开通有直升机空中游览观光项目，可以欣赏埃菲尔铁塔、自由女神像、大本钟以及泰晤士河、迪拜塔等摩天大楼、里约热内卢基督像等雄伟的景象。此外，土耳其卡帕多奇亚、缅甸蒲甘、肯尼亚马赛马拉、迪拜黄金沙漠、意大利托斯卡纳、美国纪念碑谷、埃及卢克索、哥斯达黎加还是全球最负盛名的八大热气球观光游览胜地。从低空刺激游产品来看，最为代表性的为滑翔伞。被南阿尔卑斯山包围的美丽小镇——新西兰皇后镇，每年吸引大量的滑翔伞爱好者前来观光游览。包括新西兰皇后镇在内的土耳其欧鲁丹尼斯、意大利多罗米蒂、瑞士翁根、法国杜比拉沙丘、法国上阿尔卑斯省、斯洛文尼亚托尔明和渤兴地区、莫桑比克巴扎托群岛、韩国丹阳、尼泊尔博卡拉是全球十大滑翔伞旅游胜地。

总体来看，欧美等西方发达国家开展的低空旅游项目，爱好者广泛、体验性强、盈利能力强，深受各国游客的青睐，甚至成为一些国家或者旅游目的地的标志性、必选性旅游项目。西方发达国家科学管理、通用航空器起飞基本无限制，同时在通用航空器的制造维修、通用机场的网络化建设、专业人才的培养教育、通用航空器驾照考取以及低空旅游爱好培育等方面已经形成完整的产业链条。

（二）国内通用航空及低空旅游发展现状

1. 国内通用航空业发展情况

根据中国航空工业集团公司（AVIC）发布的《通用航空产业发展白皮书

（2022）》，据行业权威机构统计，2020 年中国民用无人机研制企业超过 1300 家，其中民营企业占绝大多数，销售额过亿元的企业超过 10 家。截至 2021 年年底，全国获得通用航空经营许可的无人机通用航空企业超过 12000 家。白皮书还指出，巴西、俄罗斯、印度、中国和南非 5 个金砖国家共有通用飞机约 4.5 万架，约占世界总量的 10%。通用航空制造业从发达国家向发展中国家转移的比例正在逐年增加。2022 年 2 月，民航局发布的《“十四五”通用航空发展专项规划》中提出，目前全国累计已经开通低空旅游航线百余条，航空飞行营地数量超过 400 个。截至 2020 年年底，全行业注册无人机共 51.7 万架，全年经营性飞行活动达到 159.4 万小时。以低空旅游、娱乐飞行等为代表的新兴业态蓬勃发展。

为了保障将来通航产业快速发展的人才需求，中国民航 CCAR–141 部[①]的飞行培训学校数量从 2012 年的 12 家增长到 2022 年的 42 家，具备中国民航 CCAR–141 部资质的境外培训学校也从 2012 年的 23 家增长到 2022 年的 35 家。全国在册通用机场数量已达 399 个。

为了促进通用航空业的快速发展，2016 年 11 月，国家发展改革委、民航局、体育总局、旅游局共同印发《关于做好通用航空示范推广有关工作的通知》，推出了通用航空第一批示范工程，包括 10 项通用航空短途运输网络示范工程、16 项通用航空旅游示范工程和 15 项航空飞行营地示范工程。通用航空短途运输及飞行营地示范工程如表 5–5 所示。

---

① CCAR — Chinese Civil Aviation Regulations，即中国民航规章的缩写，也是指中国民航规章体系。CCAR–141 具体为《民用航空器驾驶员学校合格审定规则》，规定了颁发民用航空器驾驶员学校临时合格证、驾驶员学校合格证、境外驾驶员学校认可证书和相关课程等级的条件和程序，以及驾驶员学校临时合格证、驾驶员学校合格证、境外驾驶员学校认可证书和相关课程等级的持有人应当遵守的一般运行规则。

表 5–5　通用航空短途运输及飞行营地示范工程情况一览

序号	通用航空短途运输网络示范工程（10 项）		航空飞行营地示范工程（15 项）
	网络	覆盖范围	
1	内蒙古呼伦贝尔区域网络	覆盖根河市、新巴尔虎右旗、阿荣旗、莫力达瓦旗等	辽宁省本溪市明山区航空飞行营地
2	内蒙古锡林郭勒区域网络	覆盖阿鲁科尔沁旗、镶黄旗、敖汉旗、奈曼旗、巴林左旗、巴林右旗等	吉林省松原市哈达山生态农业旅游示范区航空飞行营地
3	内蒙古鄂尔多斯区域网络	覆盖达茂旗、鄂托克前旗、凉城县、清水河县、杭锦旗、乌审旗等	吉林省长春市朝阳区乐山镇航空飞行营地
4	内蒙古阿拉善区域网络	覆盖阿拉善左旗、阿拉善右旗、额济纳旗、乌拉特后旗等	吉林省吉林市榆树飞行营地航空飞行营地
5	吉林长吉图区域网络	覆盖和龙县、农安县、蛟河市等	江苏省镇江市句容茅山风景区西麓航空飞行营地
6	黑龙江大兴安岭区域网络	覆盖嫩江县、富裕县、呼玛市等	浙江省奉化市阳光海湾航空飞行营地
7	黑龙江松花江流域区域网络	覆盖萝北县、嘉荫县、同江市、木兰县等	浙江省建德市寿昌镇航空飞行营地
8	四川川西高原区域网络	覆盖康定县、红原县、稻城县、九寨沟县等	山东省临沂市费县许家崖航空飞行营地
9	新疆阿勒泰区域网络	覆盖布尔津县、福海县、富蕴县、青河县、十师北屯市、十师 185 团（哈巴河）、十师 186 团（吉木乃）等	山东省泰安市徂徕山航空飞行营地
10	新疆伊犁州区域网络	覆盖霍尔果斯市、霍城县、尼勒克县、巩留县、特克斯县等	山东省栖霞市航空飞行营地
11	—	—	河南省洛阳市万安山航空飞行营地
12	—	—	湖北省武汉市汉南区航空飞行营地

续表

序号	通用航空短途运输网络示范工程		航空飞行营地示范工程
	网络	覆盖范围	
13	—	—	四川省绵阳市北川县航空飞行营地
14	—	—	云南省昆明市高新开发区马金铺航空飞行营地
15	—	—	新疆维吾尔自治区昌吉州高新区航空飞行营地

虽然与历史相比，中国的通用航空产业已经取得明显的进展，但总体上看，特别是与欧美等西方发达国家相比，中国的通航产业规模总量相对较小，通用机场等基础设施建设仍然滞后，低空空域管理改革进展缓慢，航空器自主研发制造能力不足，通用航空运营服务薄弱，与经济社会发展和新兴航空消费需求仍有较大差距。

2. 国内低空旅游发展现状

早在 1919 年，时任北洋政府航空署长丁锦就提议，用飞机搭载游客在故宫、太庙、中央公园、景山、北海、西山、颐和园上空进行空中游览，这开创了中国低空旅游项目的先河。20 世纪 90 年代，八达岭长城曾经开展由 S–76 机型执飞的空中游览长城项目，可以看作是中华人民共和国成立后最早的低空旅游项目。由于近代长期战乱以及中华人民共和国成立之后低空空域长期严格管制，低空旅游一直没有获得充分的发展。近年来，国家开始推进低空空域管理改革以及通用航空业的发展，低空旅游开始迎来发展的曙光。

低空观光游览近年来逐渐成为文旅产业重要的增长点。《“十四五”旅游业发展规划》提出，要推动通用航空旅游示范工程和航空飞行营地建设、推进通用航空与旅游融合发展;《“十四五”通用航空发展专项规划》中提出，要重点发展低空旅游，支持文旅主管部门扩大空中游览等对景区的覆盖，建立连接景区、度假区、主题公园等旅游地的低空旅游网络。截至 2016 年年底，全国已经开通的低空旅游航线有133条，这些低空旅游航线主要集中在海南、甘肃、陕西、上海、北京等地。全国范围内已建成并命名的航空飞行营地有100家，航空俱乐部达200家。2016年10月，国家发改委印发了《近期推进通用航空业发展的重点任务》的通知，明确提出由国家旅游局和中国民航局负责开展通用航空旅游试点，建设10—15个空中游览等试点项目。近年来，各地陆续出台加快低空旅游发展的计划和建议，促进低空旅游从小众化、高端化消费，逐渐走向大众化消费。从2018年至2023年2月，国家空中交通管理委员会办公室先后批准四川开展低空空域协同管理改革试点，以及湖南、江西、安徽3省的低空空域协同管理改革试点拓展。随着低空空域的逐渐开放，涉及前端通用飞机的生产和硬件维修，中端管理人才培训、飞行员培养，以及后端基地建设与运营、低空旅游市场开发的产业链条，正在逐渐形成。

中国低空旅游航线不断审批通过。在北京，五环之内的上空一直是禁飞区，这种情况在2018年年初也被打破。2018年1月1日上午，北京首条常态化应急保障和低空旅游航线启航仪式在朝阳区黄港直升机FBO举行。直升机搭载着五位市民，从朝阳区黄港直升机FBO起飞，最后飞抵奥林匹克公园，可以从空中俯瞰鸟巢、水立方、北京奥林匹克塔等标志性景观。

三、低空旅游发展中面临的问题

（一）低空空域严格管控，通航产业发展空域有限

空域是航空业，尤其是通用航空业发展所依赖的基本资源。根据《中华人民共和国民用航空法》规定，中华人民共和国的领陆和领水之上的空域为中华人民共和国领空。中国拥有960万平方千米陆地国土，473万平方千米海洋国土，总国土面积全球第三，理应拥有丰富的空域资源，然而中国实际开放的低空空域只有真高1000米以下。中国的空域管理采用“军管民用”的方式，“军

航管片、民航管线”，空军掌握全部空域的管理权，民航只拥有部分空域的使用权。空军同时作为空域的使用者，往往以军事目的为重心，划设大量的禁飞区或者军民航空管制区。虽然中国陆地国土面积占全球的6.44%，然而空域只向民航开放30%，通航空域仅占全球的1.5%，低空空域的利用率明显低于世界平均水平。

根据2012年11月国务院、中央军委发布的《关于深化我国低空空域管理改革的意见》以及2014年民航局《低空空域使用管理规定（试行）》，低空空域原则上是指全国范围内真高1000米（含）以下区域。根据上述文件全国划设了122个管制空域、63个监视区域、69个报告区域和12条低空目视航线对低空空域分类管理。根据2016年5月国务院办公厅发布的《关于促进通用航空业发展的指导意见》，虽然提出实现真高3000米以下监视空域和报告空域无缝衔接，然而低空空域实际开放依旧非常有限，特别是现行空管空防合一的空域管理体制，使得空军既要负责全国的空中交通管制，更要确保空防安全。由于空防安全往往成为空军的第一使命，很难有进行低空空域管理改革或者说是大规模开放的积极性。

（二）审批流程较为烦琐，通航产业发展步履维艰

根据《中华人民共和国飞行基本规则》的规定，国家对境内所有飞行实行统一的飞行管制。组织与实施飞行，应当按照飞行预先准备、飞行直接准备、飞行实施和飞行讲评等阶段进行。根据《通用航空飞行管制条例》，从事通用航空飞行活动的单位、个人使用机场飞行空域、航路、航线，应当按照国家有关规定向飞行管制部门提出申请，经批准后方可实施。根据《关于深化我国低空空域管理改革的意见》，以及《低空空域使用管理规定（试行）》，低空空域依照管制空域、监视空域和报告空域进行管理，还明确规定了飞行计划审批和飞行计划报备的时限，程序较为烦琐。

实际上，通用航空器的飞行空域、航路、航线前置审批以及飞行计划审

批和飞行计划报备只是制约通用航空产业或者是低空旅游发展的一个方面。中国在通用机场立项建设方面，除民航管理局与民航空中交通管理规划的相关部门外，还涉及省环保、住建、国土、水利、文物、地灾等各个部门的评估、审批，最后由省级人民政府向军区空军司令部提起场址申请，上报空军司令部与总参谋部作战部门，做出场址核准，审批建设流程复杂。在飞行驾照考取以及空中游览资格获取方面，也存在异常复杂的审批流程。通航企业为了获取空中游览资格，运行空中游览项目，还需申请 CCAR–91 部运行合格审定，取得 CCAR–91 部运行资质，同时注册资金需要在 2000 万元以上，面临烦琐的审批流程。这些都很大程度上制约了通用航空产业的快速发展。

（三）低空旅游价格高昂，空中游览公司经营困难

当前中国低空旅游行业还处于起步阶段，产业链发展仍不完善，尚未形成规模效应。在低空旅游理念尚未广泛普及市场客群较小而投入成本较大，盈利能力较弱的情况下，低空旅游项目的价格与其他旅游项目相比，一般较为高昂。目前，仅十分钟的空中游览项目，平均价格在 700—1000 元 / 人。比如，北京在奥林匹克公园已经开通的“常态化应急保障和低空旅游航线”，报价为 1280 元 / 人。根据对低空旅游运营情况的访谈调研，一架直升机如果按照能够飞行 300 时 / 年计算，扣除折旧、人工、航油、机场使用费以及相关的运营成本，低空游览的票价最低需要达到 680 元 / 人，否则就会亏损。

（四）通航社会基础薄弱，低空市场培育假以时日

通用航空业以及低空旅游在欧美国家发展相对较早，至今已拥有广泛的文化根基和社会基础。以美国为例，据美国联邦航空管理局（FAA）的统计数据，截至 2021 年 12 月，美国有 72 万多人拥有飞行驾驶员执照，其中有 1.3 万人拥有直升机驾驶员执照，有 2 万人拥有滑翔机驾驶员执照。中国通用航空和低空旅游近些年刚刚起步，私人飞机和低空旅游只为非常小的群体所拥有或

者体验，很多人对通用航空或低空旅游的概念还较为陌生。截至 2022 年 1 月，中国共有飞行驾驶员执照 7.6 万本，直升机驾驶员执照 3342 本，滑翔机驾驶员执照 22 本。航空文化的培育任重而道远，很大程度需要依赖整个通航产业的发展壮大。随着近年来我国低空经济发展迅速，飞行培训学校逐年增多，“航空 + 旅游”被越来越多的地区和景区发展成为特色旅游新模式，低空旅游正逐渐释放出巨大的市场潜力。

四、通用航空及低空旅游发展的对策建议

（一）国家主导开展空域物权的立法

1950 年，我国首次颁布《中华人民共和国飞行基本规则》，其中将空域管理和空防重任都交给新组建不久的空军。由于历史的原因，空域管理权隶属于空军的体制一直没有发生大的变化。1986 年组建了空中交通管制委员会，根据《中华人民共和国飞行基本规则》的规定，国务院、中央军事委员会空中交通管制委员会领导全国的飞行管制工作，该空中交通管制委员会只是一个协调性的部门，空域统筹管理的职责仍由空军负责。由于空军不能参与地方上的经济社会发展，而低空空域又拥有巨大经济潜力，特别是通航产业赖以发展的资源，使得低空空域的管理与通航产业的发展相互脱节，空军有关空域严格管制的体制不能适应通用航空灵活发展的需求。

我国现有的法律法规对于空域的所有权一直没有明确的规定。2007 年 10 月开始施行的《中华人民共和国物权法》只是规定“矿藏、水流、海域属于国家所有”。因此，建议国家通过立法明确空域的所有权、使用原则、管理体制、管理机构、执法机构等，规范和调整在空域使用、管理过程中产生的各种关系，特别是明确军用和民用的相互关系，为构建统一的空域资源管理体制，最大化地发挥空域资源的经济等综合效益奠定基础。

（二）建设统一的空域资源管理体制

《中华人民共和国飞行基本规则》规定中华人民共和国境内的飞行管制，由中国人民解放军空军统一组织实施，各有关飞行管制部门按照各自的职责分工提供空中交通管制服务。空域资源由空域统一管理，以及基于国防的目的，空域的划分以军用为主，是导致空域资源使用效率不高、低空空域经济效益难以充分发挥的症结所在。可参考世界范围内空域资源高效使用，以及通用航空业和低空旅游发展发达的国家，构建起能够有效统筹协调军用和民用空域相互关系的统一性的管理体制。

（三）大力推动低空空域的有效开放

根据国务院、中央军委发布的《关于深化我国低空空域管理改革的意见》，按照管制空域、监视空域和报告空域划设低空空域，区分不同模式实行分类管理试点。该意见有关低空空域划分开展低空空域管理改革试点的做法，虽然为通用航空和低空旅游创造了一定发展的空间，开放还非常有限。为了推动通用航空产业的有效发展，需要大力推动低空空域更加全面地开放，而为空域所有权立法以及构建统一的空域资源管理体制是实现低空空域全面有效开放的基石。

（四）大力放松管制和精简审批流程

根据国务院、中央军委发布的《关于深化我国低空空域管理改革的意见》，空军会同有关单位和部门，统筹公共运输航空、通用航空和军事航空低空使用需求，研究提出各类低空空域划设方案报国家空管委审批，逐步调整审批权限的任务。按照《低空空域使用管理规定（试行）》，明确了各项审批的时限。虽然审批及报备的时限与原来相比有了很大宽松，不过需要申请和报备的规定没有根本改变。

除了通用航空器起飞前的审批之外，实际上在通航机场建设、空中游览资质、飞行员驾照考取等方面的层层审批，也极大地限制了通用航空活动以及低空旅游的有效开展。建议借鉴西方通航产业发达国家，在确保飞行安全的前提下，大力削减通航产业各个环节或领域的审批事项，全面刺激通航产业发展的活力。

（五）大力提升通航业装备制造水平

通航产业的蓬勃发展，很大程度上需要依靠通航装备制造业的发展。航空产业可以说是中国21世纪继汽车工业大规模发展之后又一次重要的工业革命。西方发达国家通航产业装备制造水平非常先进，当前，通用航空器严重依赖进口的现状不利于通航产业的未来发展。为了促进通航装备制造业的发展，国家开始积极推动通用航空产业园的发展，很多地区也对通航产业园报以极大的热情。不过在通航文化淡薄以及低空旅游需求非常有限的情况下，通航产业园的建设也是步履维艰。建议通航产业园的建设充分考虑当前中国通航产业发展的阶段性特征，采取与西方国家合作的方式，努力引进先进技术，增加研发投入，努力开发适合中国国情的机型。

（六）大力培植通航消费文化和兴趣

针对国人通航文化淡薄的情况，积极营造通航文化氛围。借鉴西方国家从青少年阶段就通过开展模拟飞行体验、参观航空博物馆、参加航空展会等形式，不断接受通航文化熏陶的做法，将青少年课外实践教育或者研学旅游与航模比赛、航空展览、模拟飞行体验等紧密结合，让青少年群体能够接触到更多的通航文化，培养挑战天空，参与低空旅游项目的兴趣。积极发挥通用航空协会、低空旅游协会等相关协会组织的积极作用，不断宣传和推荐通航以及低空旅游的相关知识，特别是通过举办展会、开发航空模拟飞行类小游戏、推广航空类VR虚拟实景体验等高体验性的方式，吸引社会公众的参与。

第六章

交通带动旅游发展的“点－轴”模式下的高铁旅游产品

第一节　高铁旅游发展趋势展望

自 1876 年我国出现第一条铁路至今，中国铁路已经拥有近 150 年的历史，从第一条上海至吴淞港码头的 14.5 千米的吴淞铁路，至“八纵八横”的高铁网布局，从清政府眼中的“奇技淫巧”，到现代的“国家经济命脉”，中国铁路经历了从无到有的飞跃。时至今日，我国高铁营业里程达到 4.5 万千米，占世界高铁总里程的 2/3 以上，成为世界上高铁里程最长、运输密度最高、成网运营场景最复杂的国家①。

2008 年 8 月，中国第一条高铁——京津城际高铁的开通运营，标志着中国“高铁时代”的来临。根据《中长期铁路网规划》（2016—2030），至 2030 年中国将形成以“八纵八横”（沿海、京沪等“八纵”通道和陆桥、沿江等“八横”通道）为主干，城际铁路为补充的全国高铁网络，届时将实现相邻大中城市间 1—3 小时交通圈，城市群内 0.5—2 小时交通圈。

“高铁 + 旅游”是另一种重要的铁路旅游形式，也是国内学者较多关注的大众旅游新模式。已然进入“高铁旅游新时代”的中国旅游业，依托高速铁路形成的“时空压缩效应”，使游客“快旅慢游”成为可能。高铁旅游提高了游客聚集和扩散的便捷度，扩展了区域旅游发展空间，塑造了旅游市场的新格局，丰富了人们的旅游出行方式，一定程度上满足了人们对于优质旅游的需求。由于高铁的安全舒适、高速快捷和准时性，越来越多的人选择乘坐高铁出行，特别是在 300—1000 千米距离的旅游范围来说，相对于其他交通工具，高铁显示出极强的竞争优势，逐渐形成对航空、自驾车的替代效应。高铁旅游还带来万亿元级旅游大市场。一批高铁沿线旅游城市、旅游区（县）、

① 前瞻经济研究院 .2019 年中国高铁产业全景图谱［EB/OL］.［2019-02-17］. https：//www.qianzhan.com/analyst/detail/220/190215-28479cb6.html.

旅游景区、旅游度假区、旅游小镇迅速崛起，以高铁为联系的一至两小时旅游圈，构筑了资源聚集、人流聚集、经济聚集的区域旅游发展新格局。根据《中长期铁路网规划》（2016—2030），我国“八纵八横”的高速铁路网建设目标，至今完成刚过60%，未来还有近40%的建设空间。可以预见，以世界领先水平的高速铁路网为依托的中国高铁旅游，具备了引领世界铁路旅游发展的基础条件。

第二节　高铁带动旅游发展的产业模式重构

交通是克服空间距离，实现一个地区的经济发展和政治统治的重要途径（林晓言，2018），高速铁路极大降低了区域间的时间与空间距离，成为影响旅游发展的新模式与空间新格局，也成为释放旅游市场潜力的重要力量。高铁建设促进了地区间人流、物流的便捷往来。随着经济的发展，高铁沿线具有区位优势的地区聚集人流、物流、资金流、信息流而发展成为经济中心。这些经济中心之间开展生产要素的交换，逐渐形成依托高铁线路两侧的产业集聚轴线，并不断吸引人口与产业的聚集，从而形成旅游产业集聚区。

融合高铁旅游的“点－轴”经济理论与产业融合理论，以高铁及其沿线为旅游发展轴线，具有区位优势与资源优势、政策支持的地区，将形成旅游产业增长极，通过三个方面的集聚发展，即旅游要素的集聚（高铁＋地方美食、高铁＋酒店、高铁＋商业综合体、高铁＋景区、高铁＋娱乐等），基础与服务设施的集聚和提升（高铁带动下的基础设施配套、景观风貌改造、旅游厕所革命及服务设施提升、服务水平升级等），高铁带来的人流、资金流、信息流的聚集，形成的旅游人才、旅游资金、旅游政策的集聚，最终将发展成为区域的核心旅游产业集聚区。这样的核心旅游产业集聚区，是与高铁联系最密切、最直接的地区，也是旅游产业最完善的目的地类型（如旅游城市、景区、度假区、小镇等）。而对于高铁不能直达的地区，由于其资源或设施的吸引力，也具有旅游节点的区域功能，这样的地区通过其他交通方式与核心集聚区相联系，从而构建顺畅的“高铁＋自驾车（租车）”“高铁＋房车”“高铁＋邮轮”等多种形式的交通体系，将带动旅游节点成为次一级的旅游产业集聚区。高铁带动旅游产业集聚的产业重构模型如图 6-1 所示。

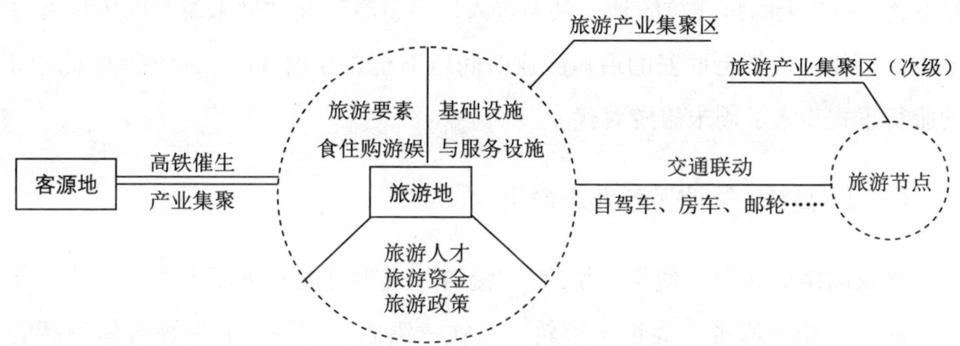

图 6-1 高铁旅游产业集聚发展结构模型示意

第三节 高铁对区域旅游的影响特征与评价

一、高铁时代旅游产品呈现新特征

高效、密集、便捷的高铁网络降低了出行的时间成本，增强了高铁沿线居民的出游率，增加了游客在旅游出发地和目的地之间流动的次数，扩大了旅游目的地客源市场半径范围和吸引力，促进了区域之间各类要素的加速流转。在高铁带动区域旅游市场结构、区域旅游发展格局悄然发生变化的过程中，高铁旅游产品呈现出新的发展趋势。

（一）近程短途游、周末游产品增加

随着高铁“公交化”的发展，区域之间的“同城效应”和“近城效应”凸显，长途旅游和短途旅游概念发生改变，传统的中远距离旅游地正逐渐转化为近距离旅游地，甚至成为城市周边游目的地。原来需要3—4天的长线旅游地转变为1—2天的短线旅游地，甚至进入“一日游”和“周末游”的市场考虑范围。例如，成都至西安的最短旅途时间压缩至3小时11分，使得两地之间的旅行正式步入了周末旅游时代。

（二）“高铁+”旅游新业态产生

高铁网络的普及，使得“快旅”“慢游”成为可能，进而产生了高铁+景区、高铁+租车服务、高铁+邮轮、高铁+酒店、高铁+旅游综合体等新的旅游业态。这些业态以高铁为载体，与各种旅游要素相结合，为旅游产品的创新提供了更大的思考空间，促进了旅游产业的高质量发展。

（三）高铁旅游专列不断兴起

高铁旅游专列正在全国范围内逐渐兴起。如福州至义乌、宁波的高铁旅游专列、杭州至黄山的杭黄高铁、上海至千岛湖的“千岛湖号”高铁等，并推出了旅游地的高铁旅游优惠政策，促进了高铁与旅游市场更加紧密的结合。

（四）高铁旅游线路受到市场欢迎

随着高铁的开通，全国各大旅行社相继推出了新的高铁旅游线路。携程旅游平台上线了专门的“高铁游”栏目，与各种高铁线路关联的跟团游、自由行、当地游产品遍布全国，受到市场热捧。

二、高铁时代区域旅游竞争加剧

高铁是一把“双刃剑”。在高铁带来的新的时空关系下，区域间各产业要素的融合更高效，旅游市场的流动性更强，旅游要素跨区域融合、重组带来新变革，也改变着区域间的旅游竞争与合作关系。一方面，以高铁为纽带，旅游发展环境日新月异，城市群之间的旅游资源、要素、信息、人才相互联系，客源市场相互流动，加速了区域旅游一体化的实现；另一方面，地方政府与旅游开发经营企业更需要关注现有基础条件与旅游产品是否能够满足快速变化的旅游环境，以及如何对区域旅游竞争环境做出判断，迎接高铁旅游时代的到来，应对不断增长的旅游市场需求，使企业及地区旅游发展立于不败之地，引领新时代的旅游发展。高铁增加了沿线城市与产品间的旅游竞争，主要表现在：

其一，旅游同城效应扩大。高铁将更多的城市纳入一小时至三小时城市圈范围内，城市居民能够更便捷地前往其他不同城市，使得周末游的范围进一步扩大，原有的城市周边郊区游、自驾游的大量客源由此得到疏解。

其二，旅游“通道”效应明显。高铁增加了旅游市场的流动，客源市场需求不断提高，对旅游产品的要求更高，一旦吸引力不足，就会出现市场快速流走，原有的旅游目的地，会迅速成为旅游过境地。

其三，旅游离心力效应放大。基于空间集聚的离心力效应（Krugman P，1991），旅游城市间的土地租金、政府政策、配套设施等关系到旅游发展的相关要素具有不同的条件。在高铁降低了运输的时空成本的情况下，旅游产业不再以核心城市为必要的集聚地，而是向土地租金较低、政策更加有利发展、配套设施更完善的其他城市转移。

三、高铁对沿线城市旅游竞争力影响的评价方法

确定高铁沿线旅游城市竞争力排名，有利于明晰高铁与城市旅游间的联系，从而有的放矢地指导城市旅游发展方向和目标。本书采用层次分析法，将高铁旅游城市发展指数按逻辑分析框架进行逐级分层，确定原始指标，并按照原始指标的数值进行逐个计算、逐级合成，最终得到高铁旅游城市发展指数，由此对样本城市进行排序。

高铁对城市旅游竞争力的影响评价，涉及两个层面、四个一级指标。首先是高铁与城市旅游的关联程度的评价——高铁旅客数量是一个直观的指标，但高铁旅客数在本地全部游客数、全部铁路游客数的比值，能够更真实地反映高铁在城市旅游业中的重要程度；其次是城市旅游发展水平的评价——旅游人数与旅游收入水平，是衡量一个地区的旅游业发展水平的指标，但对于旅游城市而言，不同规模、不同人口密度地城市，其旅游承载力基础不同，反映在统计数据中，旅游密度的大小更能客观地表现一个地区的旅游发展水平。因此，此处选择高铁旅游发展水平指数、高铁旅游发展质量指数、城市旅游发展水平指数、城市旅游发展质量指数四个评价指标，这四个一级指标进一步细分为十个二级指标，如表 6–1 所示。

表 6–1　高铁沿线城市旅游竞争力评价指标体系

一级指标	二级指标	指标说明
A 高铁旅游发展水平指数（权重 0.3）	A1 高铁旅客到达量	该城市所有高铁站点旅客到达量
	A2 高铁线路数量	该城市开通的高铁线路，衡量该城市的枢纽地位
	A3 高铁车次数量	该城市所有高铁站点一天的高铁车次，衡量该城市对旅游客源市场的辐射能力

续表

一级指标	二级指标	指标说明
B 高铁旅游发展质量指数（权重 0.2）	B1 高铁游客输送比	为年度高铁旅客到达量 / 游客接待总人次。衡量乘坐高铁前来本城市的旅客占该城市接待游客总人次的比例
	B2 高铁旅客输送比	为年度高铁旅客到达量 / 该城市铁路旅客到达量，衡量乘坐高铁前来本城市的旅客占所有铁路旅客的比例
C 城市旅游发展水平指数（权重 0.3）	C1 游客接待总人次	衡量城市旅游发展规模
	C2 旅游总收入	衡量城市旅游发展水平
	C3 4A 级、5A 级景区数量	衡量城市景区发展水平
D 城市旅游发展质量指数（权重 0.2）	D1 游客人口比	为城市游客接待总人次 / 城市总人口，衡量城市旅游人口密度
	D2 游客空间密度	为游客接待总人次 / 城市面积，衡量城市旅游空间密度

该评价方法的关键在于原始指标的处理方法和指标合成到上级指标的方法。

（一）原始指标的处理方法

由于各项指标的量纲不同，需要先进行无量纲化处理，使不同指标可以相互比较。主要采用标准化计算的方法。标准化方法为：

$$X_i = \frac{x_i - x_{min}}{x_{max} - x_{min}}$$

其中，X_i 为转换后的值，x_{max} 为指标最大样本值，x_{min} 为指标最小样本值，x_i 为指标原始值。

（二）指标合成方法

合成的关键在于合成时同级别指标权重的选择。由于指标体系在设计时已将同层级指标假定为同等重要，因此，本书主要采用等权的方法逐级合成，最终得出高铁沿线城市旅游发展指数。另外，在指标合成到上级指标之前，为便于比较，指标均经过无量纲化处理。

四、高铁对沿线城市旅游竞争力的影响评价——以成绵乐城际高铁为例

城际高铁是在城市或城市群间开通的客运高速铁路，国家铁路局《城际铁路设计规范》对城际铁路做出明确规定，即“专门服务于相邻城市间或城市群，旅客列车设计速度200km/h及以下的快速、便捷、高密度的客运专线铁路”。城际高铁具有人流量大、运行时间短、发车频率高的特点，对于旅游者而言，城际高铁增加了出行时间的灵活性，使得“说走就走”的旅行成为可能。基于上述区域旅游间“同城效应、通道效应、离心力效应”的三个竞争因素的分析，与其他的高速铁路相比，城际高铁对区域内旅游城市的影响作用更加明显。因此，选取城际高铁作为研究对象，分析高铁对沿线城市旅游发展的影响作用，将具有典型性和突出意义。本书选择四川省成绵乐城际高铁作为评估高铁对沿线城市旅游竞争力影响的实际案例。

（一）成绵乐城际高铁概况

成绵乐城际铁路于2014年12月正式投入运营，全长314千米，是我国西南地区首条高速铁路客运专线。该线路贯穿四川省五大旅游区之一的“成都平原核心旅游区”，共有国家4A级、5A级旅游景区69个，拥有大熊猫、古蜀文明、三国历史文化等具国际影响力的景观，2016年，成绵乐地区旅游总收入达3958.34亿元，占四川全省旅游收入的51.37%。成绵乐城际高铁还是区域内的铁路联系纽带，北与西成高铁相接直达西安，南与贵广高铁相连直达贵阳，对全省旅游业具有辐射带动作用。

成绵乐城际高铁途经绵阳、德阳、成都、眉山、乐山五市，全程3小时

左右，全天共有 11 对列车行驶，形成了以成都为中心的"1.5 小时生活圈"。2014 年五市成立了"成绵乐高铁旅游联盟"并签署《成绵乐高铁旅游联盟合作协议》，以政府和旅游管理部门主导，开展线路整合、市场营销、形象宣传、产品展示、人才交流等方面合作，实现旅游资源共享、信息互通、市场共赢的发展目标。此处选取五市作为研究对象，通过构建指标体系，对与高铁相关联的旅游竞争力进行综合排名，以此进行高铁对沿线城市旅游竞争的影响研究。

（二）成绵乐城际高铁对沿线城市旅游竞争力的影响评价

1. 指标体系建构

根据研究需要，选取成绵乐区域内 5 个地级市（包括成都市、绵阳市、德阳市、乐山市、眉山市）进行评价，由于 5 市处于同一城际高铁线路上，因此限定高铁线路数量与高铁车次数量相同，评价指标体系涉及 4 个一级指标，8 个二级指标（见表 6–2）。

表 6–2　成绵乐城际高铁沿线城市旅游竞争力评价指标体系

一级指标	二级指标
A 高铁旅游发展水平指数（权重 0.3）	A1 高铁旅客到达量
B 高铁旅游发展质量指数（权重 0.2）	B1 高铁游客输送比
	B2 高铁旅客输送比
C 城市旅游发展水平指数（权重 0.3）	C1 游客接待总人次
	C2 旅游总收入
	C3 5A 级景区数量
D 城市旅游发展质量指数（权重 0.2）	D1 游客人口比
	D2 游客空间密度

2. 数据的收集和来源

考虑到数据来源问题，本书选择 2018 年的数据进行比较，2018 年数据缺失的个别指标选择其他相近年份代替。高铁旅游城市评价所涉及的数据主要来源于城市政府、统计部门的官方网站，城市政府、统计部门的出版物，以及中铁网络公司（城市高铁旅客到达量、高铁线路、高铁车次数量、车次数量等指标）提供的数据。除官方数据之外，也从部分城市旅游网站获取相关数据。

A1 高铁旅客到达量：来自中铁网络公司。

B1 高铁游客输送比：高铁旅客到达量来自中铁网络公司，城市游客接待总人次来自城市统计局和旅游部门。

B2 高铁旅客输送比：高铁旅客到达量和城市火车旅客到达量均来自中铁网络公司。

C1 游客接待总人次：来自城市统计局和旅游局。

C2 旅游总收入：来自城市统计局和旅游局。

C3 5A 级景区数量：来自城市旅游局。

D1 游客人口比：游客接待总人次来自城市旅游局，城市人口数据来自城市统计局。

D2 游客空间密度：游客接待总人次来自城市旅游局，城市面积数据来自城市统计局。

3. 高铁对沿线城市旅游竞争力的影响指数

根据原始指标的处理与指标合成方法，本书对成绵乐城际高铁沿线旅游城市的发展指数进行了测算，得出 5 个城市旅游竞争力排名依次为：成都、乐山、眉山、绵阳、德阳。详细数据见表 6–3。

表 6–3　成绵乐城际高铁对沿线城市旅游竞争力的影响指数

城市	高铁旅游影响指数	排名	A 高铁旅游发展水平指数（30%）	排名	B 高铁旅游发展质量指数（20%）	排名	C 旅游发展水平指数（30%）	排名	D 旅游发展质量指数（20%）	排名
成都	1.79	1	1.00	1	1.00	3	3.00	1	1.97	1
乐山	0.71	2	0.13	3	1.51	2	0.50	2	1.12	2
眉山	0.55	3	0.00	5	1.57	1	0.12	4	0.99	3
绵阳	0.36	4	0.38	2	0.24	5	0.43	3	0.35	4
德阳	0.16	5	0.13	3	0.40	4	0.00	5	0.20	5

数据来源：中铁网络公司及部分城市官方网站。

4. 影响指数分析

通过对五市综合指数及四个一级指标的指数排名情况进行分析，可以得出以下结论：

（1）基于旅游极核的集聚效应，高铁对旅游极核的影响效果最为突出，如即使成绵乐高铁在成都市的高铁线路中所占比重不高，但对成都市的旅游竞争力的影响作用仍然极为显著；

（2）高铁对城市的旅游影响力，与该城市的旅游发展水平、旅游发展质量正相关，尤其与旅游景区数量关联性较强，在全域旅游视野下，旅游产业资源、旅游设施水平、旅游景区数量、旅游村镇等开发，将促进高铁带动作用的最大化效果；

（3）高铁的交通优势以及区位条件优势，对城市旅游发展具有带动作用，但并不是决定作用，如其他四市与成都市的距离，基本形成以成都为中心的"1.5 小时城市圈"，但乐山、眉山在高铁影响下的旅游竞争力明显高于绵阳、德阳两市，这在一定程度上，与乐山市积极迎接"高铁时代"、推出多项政策措施、对接和引导市场具有密切关系。

第四节　提升高铁旅游产品竞争力的对策建议

一、强化区域旅游产品联动发展

高铁加速了区域旅游一体化进程。借助高铁网络的逐渐形成，以政府为主导，发挥高铁旅游的“点－轴”带动作用，发挥旅游增长极的集聚与辐射作用，可以加强区域间旅游合作，防止出现区域旅游同质化竞争。

一方面，统筹区域旅游资源。尤其要对不同城市与地区的历史文化脉络进行深入挖掘，结合区域内不同城市的特色进行重点塑造，精准定位客源市场，形成旅游产品的差异化、互补化开发。区域间形成多条主题旅游线路，推出多种组合的旅游套票政策，增强整体的旅游吸引力。

另一方面，推广区域间成立高铁旅游联盟的做法，推动切实有效的旅游发展举措的落地实施。当前我国多地政府或旅行社都成立了高铁旅游联盟，意在加强区域联系，推广旅游产品和线路，促进旅游营销，但实际行动效果并不显著。在发展中，应打破行政壁垒，以市场为核心，从旅游产品与线路的联系，以及旅游营销的合作上着手，起到一荣俱荣的效果。

二、试点高铁旅游通票制度

在有条件的地区，特别是在一些旅游热点区域或者城际高铁线路上，可进行高铁旅游通票试点。借鉴欧洲铁路通票的做法，推出周票、月票、主题线路通票等形式，使游客可自行选择在当地的旅游体验时间，从而增加旅游行程的灵活性。

三、搭建高铁旅游经济圈

除了加强区域内城市或地区间的旅游合作之外，各城市内部也应做好“高铁＋旅游”的要素联动、融合发展，通过“高铁＋景区”“高铁＋交通”“高铁＋食宿”“高铁＋购物”等形式，搭建完整且具有本地产业特色的“高铁旅游经济圈”，推动“高铁＋产业”互动发展。

“高铁＋景区”方面，可实行凭高铁票区域范围内景区门票优惠政策。以“欧洲之星”车票运营方式为例，乘客购买“欧洲之星”车票，不仅可搭乘火车，还能以半价优惠或买一送一的优惠进入指定美术馆及博物馆；“高铁＋交通”方面，可开通高铁站至旅游集散中心、重点旅游景区的旅游大巴，引入汽车租赁行业，丰富高铁站与城市内的汽车租赁站点；“高铁＋食宿”方面，与星级酒店、特色餐饮企业合作，实行凭高铁票获得入住或就餐等方面相应的优惠服务，或在合作平台上预约酒店、餐厅享受优惠政策；“高铁＋购物”方面，联合城市内的旅游购物商店，景区内旅游纪念品商品，以及城市内某些大型商场、土特产品超市，实行凭高铁票或景区门票，购物享受折扣的优惠政策等。

四、增加高铁旅游文化内涵

政府与铁路部门、旅行社合作，开通高铁旅游专线，并在一定时间内给予资金补贴。对于组织高铁旅游的旅行社，针对团队规模大小的不同，给予不同的资金鼓励。

从旅游主题产品的角度来看，城际高铁更加适合开通高铁旅游。由于城际高铁的行驶速度一般在每小时 200 千米以下，其行驶速度较慢、旅行距离较短、线路沿线城市较少，更适宜在高铁上举办丰富的文化娱乐、展览展示活动。使高铁在作为交通运输工具之余，还具备一定的旅游文化内涵，丰富游客的出行体验。

五、借助高铁做好旅游地营销

通过高铁可以开展两个层面的营销推广内容。一个层面是加强高铁旅游产品的推广与营销。高铁作为方便、快捷、舒适的交通工具越来越被大众所认可，前述“高铁+旅游”的产品组合、高铁旅游专线的产品形式，在我国还正处于起步阶段。除鼓励旅行社积极推广外，应以政府为主体，加强媒体宣传，尤其注重对新媒体营销渠道的利用，在城市宣传、城市旅游宣传中，推广高铁旅游产品。另一个层面是借助高铁开展沿线城市的旅游营销工作。高铁由于乘客目的地明确，成为一处绝佳的潜在旅游客源集中的营销场所。借助高铁开展丰富、多样化的旅游营销活动，能够起到立竿见影的效果。如西成高铁的美食车厢，为乘客准备有西安与四川的特色美食（如“熊猫套餐”），无异于一种高铁体验版的美食营销。诸如此类的地方美食、非遗珍品、文娱产品等，都可以作为城市的旅游名片，在高铁上进行宣传推广。

第七章

结论与展望

本书首次从产业融合的视角对交通旅游产品的发展进行了系统化研究。以交通运输产业快速发展、全域旅游时代交通设施向旅游资源的转化为研究背景，在相关理论综述的基础上，对旅游产业融合的概念、内容与模式进行了详细分析；基于产业融合的视角提出了旅游业与交通运输业融合发展的机制与融合路径，构建出交通旅游产品体系；详细阐述了不同类型交通旅游产品的产业解构与产业重构，结合不同的产业重构机制提出产品创新思路与发展对策与建议。通过系统研究，本书得出的主要研究结论与未来研究展望体现在如下方面。

第一节　研究结论

本书以产业融合的视角进行了交通旅游产品的创新发展研究，主要得出以下研究结论：

第一，交通不仅是旅游基本要素之一，更是新时代旅游发展的一项重要资源。我国旅游业正处于由高速旅游增长向优质旅游发展转变的阶段，旅游资源观发生着根本转变。道路交通及关联配套设施不仅是旅游业发展的基础要素，也已经转化为一种旅游资源。交通旅游产品兼具观光游览、游憩体验、休闲度假等多种功能，丰富了游客的旅游过程体验，满足了旅游市场由旅游观光向休闲度假转变的需求。随着交通运输产业的快速发展，我国已经具备条件发展世界领先的交通旅游产品。

第二，旅游与交通产业融合体现在“四个维度”：资源融合、市场融合、技术融合、政策支持。旅游与交通产业融合发展，以新旅游资源的扩展为基础，以新旅游市场的变革为导向，两大产业融合后形成新交通旅游产品，最终带动区域综合发展。在融合发展机制下，形成四个维度的融合发展路径，即资源融合、市场融合、技术融合与政策支持。这一路径为重构交通旅游产业、有效延伸产业链条提供了理论基础，为掌握产业发展规律、持续创新和发展交通旅游产品提供了解决路径。

第三，对于不同类型交通方式下的交通旅游产品，产业融合的内在机制也有所区别。本书应用产业融合理论对不同类型的交通旅游产品进行了产业重构。尽管旅游与交通产业融合的机制与路径一致，但由于不同交通方式所涉及的相关产业价值链不相同，其与旅游产业融合的内在机制也存在细微区别，产业重构后可划分为产业链、产业圈两种形式。具体而言，自驾车旅游是以旅游服务产业为核心的产业链结构；房车旅游是以房车产业及露营地产业为核心的产业圈层结构；邮轮旅游是邮轮产业圈的核心与根本功能所在；铁路旅游具有典型的线性特征，又可分为高铁旅游的“产业集聚发展”的产业链结构，以及特色铁路旅游的以列车与旅游地为双核心的产业圈结构；低空旅游是旅游业与通用航空业结合的产业圈结构。

第四，本书注重以应用为主，通过理论研究指导交通旅游产业发展，在对不同类型交通方式下的旅游与交通融合进行产业重构的基础上，开展交通旅游产品体系的创新与发展研究，并针对不同类型交通旅游产品的发展现状与面临的问题，提出发展对策与建议。

第二节　研究展望

交通旅游产品是旅游与交通融合发展的产物，是重要的旅游产品形式。当前关于交通旅游产品的研究，仍然缺乏系统性，基本以针对某一种交通方式下的旅游产品研究为主。本书从产业融合的视角对交通旅游产品进行了逻辑思路较为严谨的系统研究，但旅游与交通产业融合涉及的内容极为广泛，在当前成果与结论基础上，还有以下方面值得深入探讨与研究。

第一，结合中国国情与发展趋势研究国内外交通旅游产品的最新动态，强化对政策文件的解读，增强理论与实践的紧密联系。纵观各种类型的交通旅游产品，基本是起源于欧美等发达国家，至今已有几十年甚至上百年的发展历史，而这些交通旅游产品在我国却于近十几年或近几年才开始发展起来，且发展速度惊人。因此：一方面，对国外先进模式与案例应进行更有针对性的研究，注重对案例的甄选，选择具有前瞻性、适应性的案例进行系统分析；另一方面，应注重对我国现有政策文件与体制机制的研究，包括对国家与地区发布的促进旅游与交通发展的相关政策，对旅游及交通行业发展的相关政策的系统研究，以及与国外相关体制机制的对比研究，有助于推动交通旅游产品的快速落地与发展。

第二，加强对信息化与智能技术在交通旅游产品中的应用研究。“技术融合”是旅游与交通融合的四个重要维度之一，我国在信息化与智能技术方面已经处于领先水平，无论是智慧旅游，还是交通大数据，都是旅游与交通行业着力推进的新技术、新设施，将二者的应用进行融合，将进一步提高管理效率，并为游客提供方便快捷的产品信息。此外，应用信息化与智能技术的产品开发模式，如共享租车模式在旅游产品发展中的推广，也是推动交通旅游产品发展的重要内容。在交通旅游产品的研发与建造当中进行智能技术的应用，也将极大提高产品的智慧性、游乐性和体验性，引领未来发展的潮流。

第三，开展交通旅游产品的组合方式研究，优化旅游交通空间结构。当前研究仍主要侧重于对各类交通旅游产品的单体研究。实际上，各类交通旅游产品在空间和形态上存在着互相组合、相互联动的可能，交通旅游产品与区域的景观、经济、文化也存在密切联系。在产业融合基础上增加经济地理、人文地理方面的空间关系研究，寻求交通旅游产品之间的最优组合方案，将能够产生更加突出的旅游吸引力，对地区发展发挥更大的综合效益。

我国交通旅游产品发展正处于起步阶段，产品供给与市场需求仍有较大差距。在当今交通运输业与旅游业快速发展的大潮中，旅游与交通产业的融合发展正越来越受到政府、企业和各界人士的高度重视。大力推动旅游与交通运输的融合发展，不断丰富交通项目的旅游功能，不断打造交通旅游产品，对于丰富旅游业态，增强游客旅途中的体验性、趣味性，助推旅游业高质量发展，具有重要意义。

参考文献

一、中文部分

［1］保继刚，楚义芳.旅游地理学（修订版）［M］.北京：高等教育出版社，1999：19.

［2］卞显红，王苏洁.交通系统在旅游目的地发展中的作用探析［J］.安徽大学学报（哲学社会科学版），2003（11）：132–138.

［3］蔡晓霞，牛亚菲.中国邮轮旅游竞争潜力测度［J］.地理科学进展，2010（10）：1273–1278.

［4］陈刚.湖北省交通可达性与旅游经济联系空间关系分析［D］.武汉：华中师范大学，2013.

［5］陈素平，梅雨晴.近20年我国研学旅游研究综述［J］.湖南工程学院学报（社会科学版），2017（3）：16–21.

［6］陈薇，蒲素，杜伟.国内外旅游交通研究综述及比较［J］.消费导刊，2009（14）：6.

［7］陈芸.我国房车旅游发展初探［J］.市场周刊（理论研究），2008（7）：97–98.

［8］成海燕，徐治立.中国通用航空政策改革——倡议联盟框架视角下的政策变迁分析［J］.北京航空航天大学学报（社会科学版），2019（2）：77–83.

［9］成英文.大交通时代低空旅游发展的制约因素及对策［J］.旅游研究，2017，9（4）：17–20.

［10］崔保健，张辉，黄雪莹．高铁背景下城市群旅游空间结构转型研究——以环渤海、长三角为例［J］．华东经济管理，2014（11）：68–72.

［11］崔凤军，罗春培．中国房车旅游发展潜力分析［J］．当代经理人，2006（4）：59–60.

［12］崔莉．旅游交通管理［M］．北京：清华大学出版社，2006.

［13］崔玉敏，陈扬乐．基于消费意愿分析的海南房车旅游市场开发策略研究［J］．经济发展研究，2013（3）：151–152.

［14］戴斌．旅游行为的经济学分析［J］．旅游科学，1998（3）：33–36.

［15］低空旅游成本高 8 名工作人员围着 1 架飞机“转”［N/OL］．网易新闻，［2017–06–06］.http：//news.163.com/air/17/0606/13/CM8H8JKH000181O6.html.

［16］董亚娟．国外近 30 年旅游交通研究述评与展望［J］．科学家，2016（8）：89–93.

［17］董志良，等．产业价值链重构研究新视角——“互联网 +”带来的产业价值链破坏性重构［J］．河北地质大学学报，2018（4）：89–93.

［18］方叶林，黄震方，王坤，涂玮．基于 PCA–ESDA 的中国省域旅游经济时空差异分析［J］．经济地理，2012，32（8）：149–154.

［19］傅玉辉．大媒体产业：从媒介融合到产业融合［M］．北京：中国广播电视出版社，2008：30.

［20］高凌江，夏杰长．中国旅游产业融合的动力机制、路径及政策选择［J］．首都经济贸易大学学报，2012（2）：53–55.

［21］高楠，马耀峰，张春晖．中国丝绸之路经济带旅游产业与区域经济的时空耦合分异［J］．经济管理，2015（9）：111–120.

［22］高舜礼．低空旅游如何飞出新天地［N］．中国旅游报，2016–11–22（003）.

［23］关伟，朱海飞．基于 ESDA 的辽宁省县际经济差异时空分析［J］.

地理研究，2011，30（11）：2008–2016.

［24］官芳屹．成绵乐城际铁路对区域旅游发展影响的实证研究［D］．成都：西南交通大学，2015.

［25］广东省市场经济促进会，广东省社会科学院海洋经济研究中心课题组．广东发展邮轮游艇海岛旅游研究报告［R］.2013.

［26］郭伟，孙鼎新．高铁背景下京津冀旅游交通可达性变化分析［J］．燕山大学学报（哲学社会科学版），2014（4）：129–134.

［27］郭向阳，明庆忠，穆学青．中国房车旅游研究综述［J］．河北旅游职业学院学报，2016，12（4）：19–22.

［28］胡建伟，陈建准．上海邮轮产业集群动力机制研究［J］．旅游学刊，2004，19（1）：42–46.

［29］黄灵．旅游地产开发模式及其选择研究［D］．杭州：浙江工业大学，2017.

［30］混改旅游专列开行［N/OL］．人民网 – 人民日报，［2019–01–18］．http：//jx.people.com.cn/n2/2019/0118/c190262–32545965.html.

［31］姜琪．中国铁路运输业的有效竞争研究［D］．济南：山东大学，2013.

［32］看航空．国外低空旅游产业发展的经验与启示［J/OL］.百度百家号，［2018–06–22］．http：//baijiahao.baidu.com/s?id=1603944597386767231&wfr=spider&for=pc.

［33］空中游览　感受鸟儿的视角［N/OL］．凤凰财经，［2014–03–12］．https：//finance.ifeng.com/a/20140312/11864150_0.shtml.

［34］乐盈，蒋炯坪．国内汽车旅馆的现状及发展趋势分析［J］．浙江交通职业技术学院学报，2004，3（5）：69–72.

［35］李东和，吴润华，张莹．我国风景道研究综述［J］．资源开发与市场，2018，34（2）：292–296.

［36］李凤，汪德根，等 . 中国自驾车房车营地空间分布特征及其驱动机制［J］. 资源科学，2017（2）：288–302.

［37］李文正 . 交通建设对促进陕南旅游业发展的实证研究［J］. 西北大学学报（自然科学版），2012（1）：109–114.

［38］李享 . 运用统计分析方法研究我国房车旅游消费意愿［J］. 交通企业理，2008（4）：28–30.

［39］李勇军，等 . 会展产业价值链及其产业融合研究［J］. 商业研究，2016（1）：10–15.

［40］厉无畏 . 产业融合与产业创新［J］. 上海管理科学，2002（4）：4–6.

［41］廖斌 .2018 年中国旅游发展十大热点——高铁线路旅游带动效应凸显［M］. 旅游绿皮书：2018~2019 年中国旅游发展分析与预测，北京：社会科学文献出版社，2018.

［42］林晓言 . 高铁经济研究成果述评及基础理论走向［J］. 北京交通大学学报（社会科学版），2018，4（17）：20–37.

［43］刘芳，岳艺吾 . 旅游产业融合研究综述［J］. 现代商业，2016（28）：52–53.

［44］刘守英 . 时间价值与人类行为研究——G. 贝克尔的时间经济学理论及其主要应用［J］. 探索与争鸣，1987（2）：56–58.

［45］刘昕宇 . 国外典型旅游列车产品特点及对我国旅游列车发展的启示［J］. 铁道经济研究，2019（1）：35–38.

［46］龙江智 . 中国旅游消费行为模式研究［M］. 北京：旅游教育出版社，2014：31–33.

［47］陆大道. 2000 年我国工业生产力布局总图的科学基础［J］. 地理科学，1986（2）：110–118.

［48］罗光华 . 旅游产业价值链研究综述［J］. 西华师范大学学报，2009（3）：55–59.

[49] 吕方园 . 运输视角下邮轮法律问题研究 [D]. 大连：大连海事大学，2015.

[50] “旅游 +” 时代　低空旅游如何飞出一片天 | 凤旅观察 [N/OL]. 凤凰网，[2017-10-12]. http：//news.ifeng.com/a/20171012/52595739_0.shtml.

[51] 麻永建，徐建刚 . 基于 ESDA 的河南省区域经济差异的时空演变研究 [J]. 软科学，2006，20（5）：51-54.

[52] 马健 . 产业融合识别的理论探讨 [J]. 社会科学辑刊，2005（3）：86-89.

[53] 马林 . 高速铁路：旅游经济与空间结构影响研究 [D]. 西安：陕西师范大学，2013.

[54] 马悦 . 武汉城市群旅游景区交通可达性空间分析 [D]. 武汉：华中师范大学，2015.

[55] 毛昕 . 云南交通与旅游空间结构演变的时空特征研究 [D]. 昆明：云南师范大学，2016.

[56] 潘勤奋 . 国际邮轮经济发展模式及对我国的启示 [J]. 科技和产业，2007（10）：13-17，24.

[57] 前瞻经济研究院 .2019 年中国高铁产业全景图谱 [EB/OL]. [2019-2-17]. https：//www.qianzhan.com/analyst/detail/220/190215-28479cb6.html.

[58] [日] 植草益 . 信息通讯业的产业融合 [J]. 中国工业经济，2001（2）：24-27.

[59] 任杰 . 基于 TDM 的城缘风景名胜区旅游交通规划研究 [D]. 西安：西安建筑科技大学，2004.

[60] 荣朝和 . 交通 - 物流时间价值及其在经济时空分析中的作用 [J]. 经济研究，2011（8）：133-146.

[61] 荣朝和 . 经济时空分析——基础框架及其应用 [M]. 北京：经济科学出版社，2017：4-19.

[62] 荣朝和 . 铁路 / 轨道交通在新型城镇化及大都市时空形态优化中的作用 [J]. 北京交通大学学报（社会科学版），2014（2）：20–28.

[63] 芮明杰，胡金星 . 产业融合的识别方法研究——基于系统论的研究视角 [J]. 上海管理科学，2008（3）：34.

[64] 上海国际邮轮经济研究中心 . 2016—2017 年中国邮轮产业 [M]. 中国邮轮产业发展报告（2017），北京：社会科学文献出版社，2017：14–17.

[65] 施勇，等 . 邮轮入境游的市场分析与政策相应 [M]. 中国邮轮产业发展报告（2017），北京：社会科学文献出版社，2017：229–249.

[66] 舒阳，李仙勇 . 认真谈一次低空旅游，怎么做才能赚到钱？ [N/OL]. 民航资源网，[2016–03–22] .http：//news.carnoc.com/list/339/339937.html.

[67] 宋伟，郑向敏 . 自驾车旅游研究 [J]. 云南地理环境研究，2002，5（17）：66–72.

[68] 苏建军，孙根年 . 中国旅游投资与旅游经济发展的时空演变与差异分析 [J]. 干旱区资源与环境，2017，31（1）：185–191.

[69] 苏平，沈邵军，梅俊青 . 中国邮轮旅游品质发展模式及路径提升研究 [J]. 中国邮轮产业发展报告，2018：101–112.

[70] 孙晋坤，章锦河，等 . 旅游交通碳排放研究进展与启示 [J]. 中国人口（资源与环境），2016（5）：73–82.

[71] 孙晓东，冯学钢 . 中国邮轮旅游产业：研究现状与展望 [J]. 旅游学刊，2012（2）：101–112.

[72] 孙晓东，倪荣鑫 . 中国邮轮游客的产品认知、情感表达与品牌形象感知——基于在线点评的内容分析 [J]. 地理研究，2018，6（37）：1159–1180.

[73] 孙晓东 . 邮轮产业与邮轮经济 [M]. 上海：上海交通大学出版社，2014：14.

［74］他山之石：美国是怎样开放低空的［N/OL］. 环球网，［2016-02-17］.http：//uav.huanqiu.com/hyg/2016-02/8553656_2.html?agt=15438.

［75］覃方铭，等 . 产业融合视角下的养生旅游产业发展研究［J］. 广西经济管理干部学院学报，2016（1）：63-68.

［76］唐健雄，等 . 集聚视角下湖南省工业旅游空间联动多尺度研究［J］. 经济地理，2017（8）：197-206.

［77］铁路企业管理论坛丛书编委会 .2006 铁路客运与旅游［M］. 北京：中国铁道出版社，2006.

［78］汪泓，等 . 2017—2018 年中国邮轮产业发展研究［M］. 中国邮轮产业发展报告，2018，北京：社会科学文献出版社，2018：53-56.

［79］王德刚 . 论旅游学研究的对象和任务［J］. 桂林旅游高等专科学校学报，1999，S2：8-10.

［80］王仂 . 欧美国家风景道规划中的社区参与研究［J］. 旅游管理研究，2012（2）：62，65.

［81］王灵恩，成升魁，钟林生 . 旅游资源自驾车旅游开发适宜性评价体系构建与实证研究——以伊春市为例［J］. 人文地理，2012（2）：134-139.

［82］王群 . 房车旅游迫切需要供给侧改革［N］. 中国旅游报，2016-07-08（3）.

［83］王兆峰 . 旅游交通对旅游产业发展影响的实证分析——以张家界为例［J］. 财经理论与实践（双月刊），2009（4）：112-116.

［84］魏小安 . 旅游业态创新与新商机［M］. 北京：中国旅游出版社，2009：68-73.

［85］我国低空旅游发展思路和对策研究［J/OL］. 航趣飞机网，［2016-11-08］. http：//www.sirenji.com/article/201611/86113.html.

［86］吴刚，陈兰芳，许岩石 . 旅游交通发展的目标研究［J］. 综合运输，2003（4）：36-37.

[87] 谢彦君．旅游体验的情境模型：旅游场［J］．财经问题研究，2005（12）：64-69.

[88] 徐虹，范清．我国旅游产业融合的障碍因素及其竞争力提升策略研究［J］．旅游科学，2008，22（4）：1-5.

[89] 许万林，鱼飞．陕西省生态体育旅游资源开发与管理研究［J］．经济研究导刊，2017（26）：115-116.

[90] 闫见英．绿色交通理念下城市综合交通规划研究［D］．浙江海洋大学，2017.

[91] 杨彦锋．互联网技术成为旅游产业融合与新业态的主要驱动因素［J］．旅游学刊，2012，27（9）：7-8.

[92] 叶欣梁，等．"绿洲级"豪华邮轮设计特点与建造启示［J］．中国邮轮产业发展报告，2018：178-196.

[93] 殷成志，吕斌．长江三峡区域旅游交通规划［J］．城市规划汇刊，2004（2）：52-57.

[94] 殷平．高速铁路与区域旅游新格局构建——以郑西高铁为例［J］．旅游学刊，2012，27（12）：47-53.

[95] 余青．风景道：我国干线公路升级改造的新方向［J］．旅游规划与设计，2012（1）：36-43.

[96] 郁娇娇．云模型的交通流预测在智能旅游系统中的应用［D］．成都：电子科技大学，2013.

[97] 翟向坤．中国发展自驾车旅游的战略思考［J］．北京第二外国语学院学报，2003（5）：54-60.

[98] 张保伟，袁唯一．供求关系视角下我国房车旅游发展对策及前景探析［J］．焦作大学学报，2014（4）：86-87.

[99] 张凌云．旅游产业融合的基础和前提［J］．旅游学刊，2011，26（4）：6-7.

［100］张树民，程爵浩．我国邮轮旅游产业发展对策研究［J］．旅游学刊，2012，6（27）：79–83.

［101］张言庆，马波，范英杰．邮轮旅游产业经济特征、发展趋势及对中国的启示［J］．北京第二外国语学院学报，2010（7）：26–33.

［102］赵现红，方相林，陈佩佩．河南旅游交通发展战略研究［J］．安阳师范学院学报，2007（2）：93–96.

［103］赵丽丽，张金山．旅游与交通融合发展的新实践［J］．中国公路，2018：114–128.

［104］赵丽丽，张金山．推动旅游与交通融合的举措及建议——以“大三亚”旅游经济圈为例［M］．2017~2018 年中国旅游发展分析与预测，北京：社会科学文献出版社，2018：114–128.

［105］中国旅游车船协会，中国社会科学院旅游研究中心，等．中国自驾车、旅居车与露营旅游发展报告（2016—2017）［R］.2017.

［106］中国邮轮市场复航有序推进　本土邮轮运营能力增强［EB/OL］.［2023–12–10］．中国新闻网，https://baijiahao.baidu.com/s?id=1784899744630011984&wfr=spider&for=pc.

［107］钟晟．旅游产业与文化产业融合发展研究——以武当山为例［M］．北京：中国社会科学出版社，2015：68–72.

［108］周扬．理想与现实之间，邮轮经济搁浅上海滩［N］.21 世纪经济报道，2009–07–22（J19）.

［109］朱海艳．旅游产业融合模式研究［D］．西安：西北大学博士论文，2014：21，25–29.

［110］坐着火车游新疆　新东方快车旅游专列简介［N/OL］．火车网，［2018–12–07］．https：//www.huoche.net/show_515926/.

二、英文部分

［1］Anja Hergesell. Environmental commitment in holiday transport mode choice［J］. International Journal of Culture，Tourism and Hospitality Research，1963，1（11）：67–80.

［2］Bahar Durmaz，Stephen Platt，Tan Yigitcanlar. Creativity，culture tourism and place - making：Istanbul and London film industries［J］. International Journal of Culture，Tourism and Hospitality Research，2010，4（3）：198–213.

［3］Bo Bjorkman. Market studies in the field of international tourist traffic［J］. The Tourist Review，1963，4（18）：142–149.

［4］Christian Wernz. Service convergence and service integration in medical tourism［J］. Industrial Management & Data Systems，2014（7）：1094–1106.

［5］Christine Currie，Peter Falxoner. Maintaining sustainable island destinations in Scotland：The role of the transport–tourism relationship［J］. Journal of Destination Marketing & Management，2014，3（3）：162–167.

［6］Curt Epstein. Report：China To Reach 20，000 GA Aircraft by 2035［N/OL］.［2018–11–08］. AINonline，https：//www.ainonline.com/aviation–news/business–aviation/2018–11–08/report– china–reach–20000–ga–aircraft–2035.

［7］Daniel Albalate，Germa Bel. Tourism and urban public transport：Holding demand pressure under supply constraints［J］. Tourism Management，2010，31（3）：425–433.

［8］Ferhan Gezici，Ebru Kerimoglu. Culture，tourism and regeneration process in Istanbul［J］. International Journal of Culture，Tourism and Hospitality Research，2010，4（3）：252–265.

[9] Gary Hough, Ahmed Hassnien. Transport choice behavior of Chinese and Australian tourists in Scotland [J]. Research in Transportation Economics, 2010, 26 (1): 54–65.

[10] Greenstein S. & Khanna T. WHAT DOES Industry Convergence Mean [M]. Competing in the age of digital convergence. The President and Fellows of Harvard Press, 1997: 201–226.

[11] Gui Lohmann, David Tlmothy Duval. Destination morphology: A new framework to understand tourism–transport issues? [J]. Journal of Destination Marketing & Management, 2014, 3 (3): 162–172.

[12] Ioulia Poulaki.Andreas Papatheodorou: The Perspectives of General Aviation as a Form of Special [C]. Interest Tourism in Greece: The Profile of the Tourists, Conference Paper.2009.

[13] J. Lickorish. Transport and tourist policy [J]. The Tourist Review, 1998, 3 (13): 93–94.

[14] Jameel Khadaroo, Boopen Seetanah. The role of transport infrastructure in international tourism development: A gravity model approach [J]. Tourism Management, 2008, 29 (5): 831–840.

[15] Jerónimo Esteve–Pérez, Antonio García–Sánchez. Key Stakeholders in Cruise Traffic: An Application to Spanish Cruise Ports [J]. Tourism and Hospitality Management, 2016 (12): 81–93.

[16] John H.E. Taplin, Min Qiu. Car trip attraction and route choice in Australia [J].Annals of Tourism Research, 1997, 24 (3): 624–637.

[17] Joseph Pine II & James H. Gilmore. Welcome to the Experience Economy [J]. Harvard Business Express, 1998 (4): 4–11.

[18] Juan Gabriel Bridam, Manuela Deidda, Manuela Pulina. Tourism and transport systems in mountain environments: analysis of the economic efficiency of

cableways in South Tyrol [J]. Journal of Transport Geography，2014（36）：1–11.

[19] Kamala I. Shetty，R. John Hansman：Current and Historical Trends in General Aviation in the United States [R] .2012.

[20] Kaspar. Tourism：Stepchild of the transportation industry? Suggestions for a transportation policy to serve the needs of tourism [J] . The Tourist Review，1978，2（33）：5–6.

[21] Klett，M. Repeat photography in landscape research [M] . The Sage handbook of visual research methods. London：Sage Publications.2012：114–131.

[22] Krugman P. Increasing Returns and Geography Economic [J] . Journal of Political Economy，1991（99）：483–499.

[23] Kuban Agricultural Information and Consulting Center，The role and place of rural tourism in the development of regions [M]：2017，4. www.kaicc.ru/content/rol–i–mesto– selskogo–turizma–v– razvitii–regionov.

[24] Laura Watts. The art and craft of train travel [J] . Social & Cultural Geography，2008（9）：711–726.

[25] Lee W. Munnich，Michael Iacono. Competitive industry clusters and transportation in Minnesota [J] . Competitiveness Review，2016，1（26）：25–40.

[26] Liestol，G. Towards a method of invention and innovation in digital media design [M] . Media innovations. A multidisciplinary study of change. Gothenburg：Nordicom. 2013：61–74.

[27] Lukas Bischof. Air transport and sustainable tourism development [J] . Tourism Review，2002，4（57）：47–48.

[28] M. Ogaboh Agba，etc. Tourism industry impact on Efik's culture，Nigeria [J] . International Journal of Culture，Tourism and Hospitality Research，2010（4）：355–365.

[29] Maria Lexhagen，etc. The Virtual Fan（G）Community：Social

Media and Pop Culture Tourism [J] . Tourism Social Media：Transformations in Identity，Community and Culture (Tourism Social Science Series)，2014 (18)：133–157.

[30] Marianne C. Bickle，Rich Harrill. Avoiding cultural misconceptions during globalization of tourism [J] . International Journal of Culture，Tourism and Hospitality Research，2010 (4)：283–286.

[31] Martin Schiefelbusch，Angela Jain，Tanja Schäfer，Diana Müller. Transport and tourism：roadmap to integrated planning developing and assessing integrated travel chains [J] . Journal of Transport Geography，2007，15 (2)：94–103.

[32] Natalia Voinova，etc. Interaction of agricultural and ethnographic tourism for the development of Russian regions [J] . Journal of Cultural Heritage Management and Sustainable Development. 2019，1：33.

[33] Rosenberg N. Technological change in the machine tool industry，1840–1910 [J] . The Journal of Economic History，1963，23：414–416.

[34] SCOTT N. Product Market Perspective of self–drive Tourism [C] . Drive Tourism：Up the Wall and Around the Bend. Common Ground Publishing，Melbourne，2002：81–90.

[35] Sophie Masson，Romain Petiot. Can the highspeed rail rein–force tourism attractiveness? The case of the highspeed rail between Perpignan (France) and Barcelona (Spain) [J] . Technovation，2009 (29)：611–617.

[36] Sven Gross，Bente Grimm. Sustainable mode of transport choices at the destination – public transport at German destinations [J] . Tourism Review，2008，3 (73)：401–420.

[37] Thomas Bieger，Christian Laesser. The role of the railway with regard to mode choice in medium range travel [J] . Tourism Review，2002 (56)：33–39.

附录　关于房车旅游消费者行为特征的调查问卷

关于房车旅游产品的旅游者行为特征调研

调查任务书

1. 调查目的

了解当前中国旅游市场对房车旅游的认知程度、消费意愿和消费趋势，更好地把握房车旅游消费者或潜在消费者的人群特征以及行为特征。

2. 调查对象

网络受访者（18 周岁以上）

出行人群及游客（包括非自驾自助游和跟团游的游客）

汽车俱乐部成员

3. 问卷数量及发放区域

本次调研发放调查问卷共计 700 份，尤其侧重对出行人群较为集中的机场、高铁站的实地调研，以及在出行意愿较为强烈的游客集中的旅行社、俱乐部开展问卷调查。其中：

1）网络调查，200 份

2）机场、高铁站、大型购物商场等地拦截访问，200 份

3）旅行社发放问卷调查，200 份

4）汽车俱乐部发放问卷调查，100 份

4. 调查时间

2018 年 11 月 5 日—2019 年 2 月 26 日

5. 其他

1）访问员要选择具有代表性的受访问者，提高问卷的有效性和参考价值。

2）在实际操作过程中，访问员要根据现场情况，对问卷未涉及的、有调研价值的问题进行深入了解并记录在案。

关于房车旅游产品的旅游者行为特征的调研问卷

尊敬的先生 / 女士：

您好！我是北京 ×× 大学的学生 / 北京 ×× 旅行社的工作人员，我们正在进行一项有关房车旅游产品开发的市场研究，想听取您的宝贵意见和建议，多谢您的支持和配合！请在您认为合适的选项前打"√"。

甄别问卷

S1：您属于下列哪个年龄段的人？

"00 后"（含 2000 年出生）	1	终止访问
"90 后"（含 1990 年出生）	2	检查配额
"80 后"（含 1980 年出生）	3	
"70 后"（含 1970 年出生）	4	
"60 后"（含 1960 年出生）	5	
"50 后"（含 1950 年出生）	6	
"40 后"（含 1940 年出生）	7	终止访问

S2：您了解 / 听说过房车旅游吗？

完全不了解	1	终止访问
听说过，不是很了解	2	检查配额
有一定的了解	3	
非常了解	4	

S3：您是否体验过房车旅游？

没有体验过，并且不感兴趣	1	终止访问
没有体验过，有机会愿意体验	2	检查配额
没有体验过，正在计划体验	3	
体验过	4	

■ 体验过的受访者，继续主体问卷（一）的调研；

■ 没有体验过的受访者，继续问卷（二）的调研。

S4：记录被访者性别

男性	1	检查配额
女性	2	

主体问卷（一）

Q1：您的教育程度

1. 高中 / 中专或职高及以下　　2. 大专
3. 大学本科　　4. 硕士及以上

Q2：您的个人月收入

1. 3001—5000 元　　2. 5001—8000 元
3. 8001—12000 元　　4.12001—20000 元
5. 20001 元及以上

Q3：您的职业及职务

1. 政府工作人员　　2. 企业管理人员
3. 企业工作人员　　4. 老师 / 研究人员
5. 个体经营者　　6. 自由职业者
7. 离退休人员　　8. 其他（请注明）

Q4：您每年开展（远程）旅游的次数

1. 几乎不旅游　2. 1—2 次　3. 3—5 次　4. 5 次以上

Q5：您对房车旅游的了解主要来自

1. 亲朋好友介绍　2. 媒体广告　3. 网络信息　4. 旅行社推荐

5. 车友俱乐部组织　6. 其他（请注明）

Q6：您进行过几次房车旅游?

1. 1 次　2. 2—3 次　3. 4 次及以上

Q7：您一般会选择什么时间进行房车旅游?

1. 周末休息时　2. 寒暑假期间

3. 小长假期间（五一、清明、端午）　4. 黄金周期间（春节、国庆）

5. 非节假日但有空的时候　6. 其他（请注明）

Q8：您会与谁一起进行房车旅游?

1. 家人　2. 朋友

3. 同事　4. 旅行团 / 车友队

5. 其他（请注明）

Q9：您进行房车旅游主要是为了（可选三项）

1. 陪伴家人　2. 见识一下外面的世界

3. 结交新朋友　4. 放松身心

5. 体验当地的风俗民情　6. 参加当地节庆活动

7. 其他（请注明）

Q10：您的房车旅游出行方式

1. 自有房车　2. 租车出游

3. 俱乐部组织　4. 其他（请注明）

Q11：您一般房车旅游出行多长时间?

1. 周末两天　2. 3—5 天　3. 6—7 天　4. 8—10 天

5. 11 天及以上

Q12：您每天房车旅游的消费大概是多少钱（房车租车费用计算在内）?

1. 2000 元以内　　2. 2001—3000 元

3. 3001—4000 元　　4. 4001—5000 元

5. 5000 元以上

Q13：您每天的人均房车旅游的消费大概是多少钱？

1. 500 元及以内　　2. 501—1000 元

3. 1001—1500 元　　4. 1501—2000 元

5.2000 元以上

Q14：您的房车旅游消费主要在哪几个方面（请选择三项）？

1. 燃油费用　　2. 高速费用

3. 露营费用　　4. 门票费用

5. 停车费用　　6. 餐饮费用

7. 购物费用　　8. 其他（请注明）

Q15：您认为房车旅游过程中吸引您的主要是

1. 房车空间舒适　　2. 出行便捷

3. 沿途风景宜人　　4. 方式新颖

5. 旅行费用较低　　6. 其他（请注明）

Q16：您认为在哪种类型的房车营地最具吸引力？

1. 海滨亲水型　　2. 综合购物型

3. 主题公园型　　4. 生态景观型

5. 郊野休闲型　　6. 民族风情型

7. 特色古村镇型　　8. 其他（请注明）

Q17：您认为房车营地的哪些设施还应加强？

1. 房车营位　　2. 自驾车营位

3. 房车给排水设施　　4. 休闲娱乐设施

5. 运动健身设施　　6. 其他（请注明）

Q18：您认为当前房车营地建设中做得不好的地方有哪些？

1. 房车露营区面积小
2. 房车营地建设目的不纯，开发房地产
3. 房车露营文化单薄
4. 拖挂式房车固定停放问题
5. 休闲娱乐或者运动设施缺乏
6. 其他（请注明）

Q19：您认为阻碍房车旅游发展的主要因素有

1. 房车露营文化不深，市场需要培育
2. 房车上路难，特别是高速行驶还存在障碍
3. 房车露营地用地管理过严
4. 房车驾照管理过严
5. 房车露营地规划不合理
6. 其他原因（请注明）

Q20：请您对我国房车旅游发展提出一些意见和建议

____

____

____

____

____

再次感谢您对本次调研活动的支持！

主体问卷（二）

Q1：您的教育程度

1. 高中 / 中专或职高及以下　2. 大专
3. 大学本科　4. 硕士及以上

Q2：您的个人月收入

1. 3001—5000 元　2. 5001—8000 元
3. 8001—12000 元　4. 12001—20000 元
5. 20001 元及以上

Q3：您的职业及职务

1. 政府工作人员　2. 企业管理人员
3. 企业工作人员　4. 老师 / 研究人员
5. 个体经营者　6. 自由职业者
7. 离退休人员　8. 其他（请注明）

Q4：您每年开展（远程）旅游的次数

1. 几乎不旅游　2. 1—2 次
3. 3—5 次　4. 5 次以上

Q5：您对房车旅游的了解主要来自于

1. 亲朋好友介绍　2. 媒体广告
3. 网络信息　4. 旅行社推荐
5. 车友俱乐部介绍　6. 其他（请注明）

Q6：若您进行房车旅游，您希望选择什么时间？

1. 周末休息时　2. 寒暑假期间
3. 小长假期间（五一、清明、端午）　4. 黄金周期间（春节、国庆）
5. 非节假日但有空的时候　6. 其他（请注明）

Q7：您希望与谁一起进行房车旅游？

1. 家人　　2. 朋友

3. 同事　　4. 旅行团 / 车友队

5. 其他（请注明）

Q8：您进行房车旅游主要是为了（可选三项）

1. 陪伴家人　　2. 见识一下外面的世界

3. 结交新朋友　　4. 放松身心

5. 体验当地的风俗民情　　6. 参加当地节庆活动

7. 其他（请注明）

Q9：您认为房车出游时间多长比较合适？

1. 周末两天　　2. 3—5 天　　3. 6—7 天　　4. 8—10 天

5. 11 天及以上

Q10：您认为每天的人均消费大概多少钱比较合理（房车租车费用计算在内）？

1. 500 元及以内　　2. 501—1000 元

3. 1001—1500 元　　4. 1501—2000 元

5. 2000 元以上

Q11：您认为房车旅游吸引您的主要是

1. 房车空间舒适　　2. 出行便捷

3. 沿途风景宜人　　4. 方式新颖

5. 旅行费用较低　　6. 其他（请注明）

Q12：您认为哪种类型的房车营地最具吸引力？

1. 海滨亲水型　　2. 综合购物型

3. 主题公园型　　4. 生态景观型

5. 郊野休闲型　　6. 民族风情型

7. 特色古村镇型　　8. 其他（请注明）

Q13：您希望房车营地中具有哪些设施（可选三项）?

1. 房车露营位　　2. 自驾车露营位
3. 游客服务中心　　4. 运动健身设施
5. 儿童娱乐设施　　6. 帐篷露营位
7. 其他（请注明）

Q14：您认为限制您房车旅游的主要因素是

1. 如果购买房车将难以停放　　2. 国内房车露营地数量有限
3. 房车营地规划不合理　　4. 房车难以上路
5. 房车租赁不便　　6. 其他原因（请注明）

Q15：请您对我国房车旅游发展提出一些意见和建议

___

___

___

___

___

再次感谢您对本次调研活动的支持!

责任编辑：黄　鹤
责任印制：谢　雨
封面设计：中文天地

图书在版编目（CIP）数据

基于产业融合视角的交通旅游产品发展研究 / 赵丽丽，张金山著. -- 北京 : 中国旅游出版社，2024.2
ISBN 978-7-5032-7279-0

Ⅰ. ①基… Ⅱ. ①赵… ②张… Ⅲ. ①交通运输业－产业融合－旅游业－产业发展－研究－中国 Ⅳ. ① F512.3 ② F592.3

中国国家版本馆 CIP 数据核字（2024）第 042392 号

书　　名：基于产业融合视角的交通旅游产品发展研究

作　　者：赵丽丽　张金山著
出版发行：中国旅游出版社
（北京静安东里6号　邮编：100028）
http://www.cttp.net.cn　E-mail:cttp@mct.gov.cn
营销中心电话：010-57377103，010-57377106
读者服务部电话：010-57377107
排　　版：北京旅教文化传播有限公司
经　　销：全国各地新华书店
印　　刷：北京明恒达印务有限公司
版　　次：2024年2月第1版　2024年2月第1次印刷
开　　本：720毫米×970毫米　1/16
印　　张：12.25
字　　数：173千
定　　价：48.00元
ISBN　978-7-5032-7279-0